人間共生論入門

文京学院大学 編

ミネルヴァ書房

は し が き

　2011年３月11日に発生した東日本大震災，その後の風評被害，さらには，2019年12月初旬から続く新型コロナウイルス感染症のパンデミックなど，私たちは身の回りで起こる大きな災いに遭遇してきた。また，国際紛争や貧困，地球環境問題などのグローバルな課題にも直面し，大きなストレスを抱え生きている。

　地震は自然災害ではあるが，その後の風評被害や環境問題などは人的被害であり，私たちの生き方，考え方で発生を抑制することは可能なのである。地球上の人々が力を合わせ，共に同じ方向に向かって進んでいくことができれば，上記の多くの課題は解決に向かうことであろう。

　私たち一人ひとりの力は小さなものである。しかし，一人ではできないことも，家族や友人，地縁社会と「共生」することができれば解決策が生まれてくる。人と人，人と自然が対立するのではなく，力を合わせ一つになったとき，この世界は初めて持続可能な社会へと大きく舵を切ることになる。混乱の時代だからこそ，「共生」を常に意識し，皆で支えながら生きていく社会，すなわち「共生社会」の実現に向けて邁進し続けることが大切なのである。

　本書は，改めて「共生とは何か」について考えるための入門書である。内容は，人間共生学の基礎理論（第Ⅰ部），多文化と人権（第Ⅱ部），人と人・自然との共生（第Ⅲ部）から構成されている。具体

的には，共生の思想と倫理，人権，教育，貧困，差別，メディア，人と自然の共生思想，さらには，心理学的視点から共生を考える上で人間がどのようにストレスと向き合うかについて，生理・認知・環境・社会・高齢者に関する心理学研究に基づく観点を学んでいく。

　1924年に創立された文京学院大学の建学の精神は「自立と共生」である。本書は，この建学の精神を学ぶための教科書であり，また「人間共生」とは何か，「ストレスと向き合う」とはどういうことかについてまとめた入門書である。

　読書の皆様からのご意見をいただき，今後も「共生」に関する議論が深まっていくことを願っている。

　2023年11月

　　　　　　　　　　　　　執筆者を代表して　　中山智晴

人間共生論入門

目　　次

第Ⅰ部　人間共生学の基礎理論
——人間の共生性の探求——

第1章
共生の思想と倫理

　　人間は生物の一種としても，社会的な存在としても，一人で生きていくことはできない。人類は通時的にも共時的にも，他者と共に生きる存在である。現在の私たちが存在しているのは，何世代にもわたる祖先が存在していたからである。また，私たちの日常生活は，様々な他者との関係があって成り立っている。

　　私たちは事実として，他者と共に生きている。さらに，人類は多様であるからこそ，共生は取り組むべき課題になることも，思考や行為がよって立つべき規準となることも，目指すべき理想となることもある。本章では，共生のあり方，共生をめぐる課題について考えながら，共生の思想と倫理を検討していきたい。

1　共生を考える

存在や生命の共生

「共生」とは，さしあたり「異なるものが共に生きること」である。私たちの生命や生活は，様々な相互関係のつながりによって成り立っている。本節では，存在や生命の共生，社会における人間の共生，各文化圏の交流の歴史，共生をめぐる現代の課題について考えてみたい。

　私たち一人一人が存在しているのは，両親が存在し，祖先が存在しているからである。10世代前では延べ1024人の先祖，20世代前では約105万人の先祖，30代世代前では10億人以上の先祖がいて，現在の私たち一人一人が存在していることになる。

　人類が存在しているのは，太陽や地球があって生命があるからであり，さらに宇宙があって物質があるからでもある。私たちは水やタンパク質や脂肪などから成り立つ生命体であり，地球の条件のもとでしか生きられない。つまり，大気や水のない宇宙空間，高温や低温の他の惑星では長く生存することができない。

　一般的に，生物が生存するには有機物が必要である。植物は光のエネルギーを用いて無機物から有機物を作り，動物は植物や動物を捕食して有機物を摂取する。人間もまた生物の一種として，呼吸をして，水を飲み，他の動植物やその由来の成分を取り入れて栄養を得て，不要物を排出している。

　このように，私たちは様々な存在や生命とのつながりの中で，他の存在や生命と共に生きている。

社会における人間の共生

　私たちは生物の一種として単独で生きることはできないが，社会的な存在としても一人で生きることはできない。私たちの日常生活は，他人との支え合いによって成り立っている。

　人間の大人の脳は人類に近い霊長目と比べて大きく，脳が成長した状態では出産が困難になるので，人間の新生児は一人で生きることができない言わば未成熟な状態で生まれてくる。人間の乳幼児は単独では生きられず，他の哺乳類と比べて長い期間の養育を必要とするが，完全な状態で生まれてくるわけではないからこそ，それから様々に成長する可能性があるとも言える。

　大人になっても，食事や衣服や住居などのすべてを自分で作る人はおらず，私たちは社会において役割分担をして，必要な物を交換・取引し合って生きている。そのような相互依存関係は一国内には限られず，人間も物品もお金も情報も世界規模で行き交っている。そこには，認識しやすいものもそうでないものも含めて様々な利点と難点があるが，その評価はさておき，事実として私たちは世界規模の相互依存関係の中で80億人以上の人類と共に生きている。

　人間は誰もがいつでも健康だというわけではなく，病気や怪我をすることもあり，障がいを負うこともあり，年齢を重ねるのに伴って次第に身体が不自由になっていく。私たちは時には家族や友人に助けられ，地域社会や市民社会の活動に支えられ，行政の支援を受けることもあるように，様々な目に見える支え合いの関係の中で生きている。また，負担能力に応じて税金や社会保険料を納め，自分が困った時にお金やサービスの給付を受け取る社会保障制度のように，行政を通じた公的な支え合いの制度もある。

諸文化圏の交流とその展開

　人類の共生は現代だけの現象ではない[1]。それまで狩猟や採集で食料を得ていた人類は，約1万年前から植物の栽培や動物の家畜化を開始し，農耕・牧畜によって食料を生産するようになった。すると次第により多くの人口を維持することが可能になり，生活を共にする集団の規模も拡大した。土地や収穫物を守る必要などから，集団を統率する階級が発生し，近隣の集団同士の交易や争いも増加したと考えられる。さらに一部の人類は，約5500年前から文字を発明し，物の貸し借りの約束や集団の決まり事を記録して共有することが可能になり，より緊密な相互関係を形成するようになった。

　地球上に拡大していた人類は，それぞれの地域で独自の文化を形成した。文化とは，端的には人々の生活様式である。古くから現在まで継承されている文化もあり，その背後にはそれぞれの思想や歴史がある。人類の生活習慣は多様であるが，各文化の多様性を貫いて人類に共有されている価値，共有されるべき価値もある。諸文化圏における共生の思想については第2節で検討しよう。

　文化圏の間の関係は，平和的な交流ばかりでなく，略奪や戦争といった形態の接触もあった。概して，広域を支配する帝国が成立すると遠隔地交易が活発化する傾向がある。例えば，漢やローマ帝国が併存した2世紀，唐やアッバース朝が併存した8世紀，モンゴル帝国による大規模な征服後の13世紀などには，文化や技術や商品の活発な交流が促進され，同時に感染症も広範に伝播した。製紙法・羅針盤・火薬・活版印刷術が中国で発明され，イスラーム世界やヨーロッパに伝わったことは，近代以前の世界における中国文化の技術的な先進性を示唆している。

　現代につながる「グローバル化」は15世紀末以降，ヨーロッパ諸国によるアメリカ征服とアジア進出から始まる。ユーラシアにはアメリカ大陸原産のイモ類やトウモロコシが導入されて人口増加の一因となったが，アメリカ大陸では征服者が持ち込んだ感染症のために先住民が激減した。ヨーロッパ諸国は南北アメリカ大陸の労働力不足を，アフリカ大陸から連行した黒人奴隷によって補い，植民地経営や奴隷貿易で利益を上げ，その後はアジアやアフリカの大部分も植民地化した[(2)]。グローバル化が進むからと言って，必ずしも全人類にとって望ましい共生が進むとは限らないのである。

　近世のヨーロッパでは，第2章でも検討するように，経済的に成長した新興市民層が王制の政治や身分制の社会に不満を持ち，それに対応して，人間は誰もが自由で平等であるとみなす「自然権思想」が展開した。そして，市民革命などを経て近代的な市民社会が成立し，19世紀までに奴隷制も廃止された。しかし，人類の「交流」には悲惨な歴史があったことも忘れてはならないであろう。

共生をめぐる諸課題

　本節の最後に，共生を考える上での注意点，共生をめぐる課題について5つの論点を列挙しておきたい。本書のこれ以降の議論を検討する際の手がかりとしてほしい。

　第一に，共生が重要であることは疑いえないが，同時に私たちは個人として尊重されるべきである。私たちは自分の人生を自分で生きなければならず，自分の人生を他人に代わりに生きてもらうことはできない。私たちは他者と共に生きる存在であるのと同時に，一人で生きる存在でもある。

　第二に，望ましい共生の関係は，お互いに対等に尊重し合うことに基づくと思われる。他方で，現実の人間関係には，例えば，親と子，上司と部下，店員と客というように，お互いの役割に応じて，ある種の上下関係が発生する場面がある。人間として尊重し合うことと，円滑に役割を果たすことの両立が重要であろう。

　第三に，望ましい共生のためには，より弱い立場の人への配慮が不可欠である。例えば，健康な人は病気や障がいのある人が感じる不便に気づきづらく，社会の多数派に属する人は少数派に属する人の苦労を見逃しやすい。病気や障がいのある人にとって生きやすい社会は，健常者にも生きやすい社会であろう。ただし，個人のアイデンティティは多層的なものであり，誰かのことを何か特定の属性だけを強調して理解することも控えるべきである[3]。

　第四に，共生の相手は選り好みできるわけではなく，価値観や文化が異なる他者との共生には工夫や努力が求められる。対話や議論を通じて相互理解を進め，お互いに寛容さや節度を持って接することが理想であり，特定の人々だけが我慢や譲歩を強いられないように注意すべきであろう。また，伝統的な文化の中には，現代から見れば差別的・暴力的な要素もあるため，既存の文化をそのまま保存するだけでなく，時には文化の再解釈や再編成も必要になる。

　第五に，グローバル化の進展に伴い，世界金融危機や感染症の大流行のように，どこかで起きた危機が世界中に広がり，大多数の人類の日常生活を脅かすことがある。また，環境問題や人権問題のように人類全体で取り組むべき課題は山積している。他方で，世界規模の不平等が拡大し，グローバルな競争の激化が喧伝されている一方で，グローバルな協力や連帯は不十分である[4]。

2　共生の思想の展開

諸文化圏における共生の思想の特徴

　第1節で触れたように，各文化圏内にも各文化圏間にも争いはあったが，各文化圏にはそれぞれの文化に対応した共生の思想が見出される。本節では，（1）いくつかの文化圏における代表的な共生の思想を概観し，多様な文化を理解する一助としたい[5]。また，（2）共生をめぐる近年の考察を取り上げて，よりよい共生を成り立たせるために概念や課題などを検討していきたい。

（1）中国の思想

　中国思想では，「天」が自然や人間を支配して，人間は理を備えた「道」に従うべきであり，有徳な君主が天命を授かった天子として天下を統治することで，平和が実現すると考えられてきた。

　儒家の孔子（前551頃-前479）が説いた「仁」（思いやり）や「礼」（礼儀作法）は人々がお互いに発揮すべき事柄であり，君主が持つべき性質でもある。また，孟子（前372頃-前289頃）は，君主が備えるべき多様な徳を説き，君主が徳を失って暴君となれば，天命があらたまり，新しい統治者が登場すると唱えた（易姓革命）。

　「儒教」は次第に王朝の正統思想として整備され，後に朱子学や陽明学などに展開した。他方で，儒教の人為的な道徳を批判した道家は，自然の「道」に即した「無為自然」の生き方を求めて，「道教」の起源の一つとなった。中国にはインドから「仏教」も伝播し，儒教や道教や仏教は朝鮮半島や日本にも伝えられた。

（2）インドの思想

　インド思想の特徴は，「業」（自分の思考や行為）が自分に返って
くるという道徳思想，業が原因となって生命体はこの世界で生まれ
変わりを繰り返すという「輪廻転生」の死生観，前世の業が現世の
運命を現世の業が来世の運命を決定するという宿命論である。

　古来の「バラモン教」では，「我」（自己の本質）と「梵」（宇宙の
根本原理）は一体であるという「梵我一如」の真理を悟ることで，
苦しみを繰り返す輪廻からの「解脱」が目指された。

　これに対してガウタマ・シッダルタ（前5世紀頃-前4世紀頃）は，
世界のすべては移り変わる（諸行無常）にもかかわらず，人間は自
分や所有物に執着する煩悩のために苦悩するが，煩悩を捨てれば事
物の原因と結果の相互関係の法則（縁起）が見出され，安らぎの境
地（涅槃）に至る（解脱）ことができると唱え，あらゆる生命の安
らぎを願う「慈悲」を重視して，「仏教」を開いた。

　仏教は大乗仏教や上座部仏教に展開し，主として，前者は東アジ
アに，後者は東南アジアに伝わった。後にインドの仏教は衰退し，
インドにはバラモン教と各地の土着信仰が結びついた「ヒンドゥー
教」が広がり，11世紀以降は「イスラーム教」も流入した。

（3）ギリシアの思想

　古代ギリシア世界では，タレス（前624頃-前546頃）を嚆矢として，
万物の根本的な原質や世界の理法・法則を理性的に探求する「哲
学」が誕生した。当初の哲学は「自然哲学」であったのに対して，
アテネでの「民主政」の形成に伴って，ソクラテス（前470/469-前
399）は人間や社会に関する知識の探究を重視した。

その弟子のプラトン（前428/427-前348/347）は，普遍的に成立する数学を学問や知識のモデルにしつつ，お互いに問いと応答を繰り返して議論を進める問答法を継承し，表面的な現象を成り立たせる本質や理念（イデア）の探究を目指した。さらにその弟子のアリストテレス（前384-前322）は，生命の活動に注目して生物学を学問や知識のモデルにしつつ，経験に基づく実践知を考察し，他方で論理的に推論を進める方法を整備した。

（4）キリスト教の思想

ナザレのイエス（前4頃-後30頃）はローマ帝国領のユダヤ属州でユダヤ教の改革を試みた。「ユダヤ教」はパレスチナ地方のイスラエル人による唯一神ヤハウェへの信仰を原型として，バビロン捕囚（前586-前538年）からの帰還後に整備された。その「律法」には共同体の維持や子孫の繁栄などを推奨する戒律がある。

ユダヤ教が戒律の遵守を重視していたのに対して，イエスは神の本質は無償で無差別の愛であると捉え，「神の愛」にならって，自分を愛するように万人を愛する「隣人愛」の実践を説いた。そのイエスが，全人類を救済する「救世主」（メシア，キリスト）である，と信仰するのが「キリスト教」である。

キリスト教におけるイエス・キリストは，聖霊によって懐胎し，病人を癒すなどの奇跡を行い，罪がないにもかかわらず十字架で刑死し，自分が犠牲になることで人類の罪をあがない，処刑の3日後に復活して現れ，最後の審判において死者が復活して善人に永遠の命が与えられることを先取りして示した，と信じられている。

キリスト教は徐々にローマ帝国に普及し，教義や教会組織が整備

された。ローマ帝国が分裂すると，ローマの文化とゲルマン民族の文化が結びついた西欧文化圏と，ギリシア文化を継承する東欧文化圏とが次第に分立し，11世紀にはキリスト教も，西方の「ローマ・カトリック教会」と東方の「正教会」に分離した。

　西方では，16世紀の「宗教改革」によって，教会の権威よりも個人の信仰を重視する「プロテスタンティズム」の宗派が成立した。概して，カトリックは南ヨーロッパから中南米などへと広まり，正教会は東ヨーロッパからロシアに伝わり，プロテスタント諸派は西北ヨーロッパや北米に多い。

（5）イスラーム教の思想

　アラブ人のムハンマド・イブン＝アブドゥッラーフ（570頃-632）が預言者として始めたのが「イスラーム教」である。イスラームとは唯一神アッラーの教えへの帰依を意味し，信徒は教義を守って生活する。教義の中心は，一般的には，①神の教えを，②天使ガブリエルを通して，③最大で最後の預言者ムハンマドが授かり，④その教えは聖典に記されており，⑤最後の審判の後に信徒は天国で永遠の生を得るのであり，⑥一切は神の意志による天命である，といった「六信」である。また，信徒が行うべき義務として，①信仰告白，②1日5回の礼拝，③断食月の夜間の断食，④貧しい人を助けるための喜捨，⑤聖地への巡礼，という「五行」がある。

　ムハンマドは政教一致のイスラーム共同体（ウンマ）の指導者として支配地を広げた。その親族のアリー・イブン・アビー・ターリブ（600頃-661）のみが正統な後継者（ハリーファ，カリフ）であり，その子孫のみが最高指導者（イマーム）であるとみなす少数派が

「シーア派」，アリー以外の歴代のカリフも正統だと認める多数派が「スンナ派」と呼ばれる。イスラーム教は西アジアから北アフリカ・中央アジア・インド・東南アジアなどにも広まった。

現代における共生の思想

（1）コンヴィヴィアリティ

日本語の「共生」に近い西洋語に「コンヴィヴィアリティ（conviviality）」がある。オーストリア生まれの思想家のイヴァン・イリイチ（1926-2002）は，人間を経済のための機械，外界に反応する機械であるかのように捉えることに反対して，人間相互の，また人間と環境との間の自立的で創造的な関係をコンヴィヴィアリティと呼び，そこに人間の相互依存関係において実現される個人の自由と倫理的な価値を見出している[6]。

また，近年のフランスでは「共生主義（convivialisme）」という概念が論じられている[7]。それは，①人間はみな等しく人類共同体の一員であり，②人間は他者なしには生きられない相互依存的な存在として，社会に対して等しく責任を負い，③人間は自分の個性や能力を発展させて生きる存在であり，④人間は他者の異論を受容し，摩擦や対立を民主的な合意によって積極的な活力に転換する，という四つの原則に則った生活や社会を示すという。

私たちがよりよく共生できる社会を実現するための具体的な政策や方針については様々な議論があると思われるが，人間の相互依存性に注目しつつ，個人と人間関係の両方を重視し，民主的な議論によって課題を解決する社会を目指す，といった理念や原則については，日本語の「共生」とも共通点があるのではないだろうか。

（2）会話に基づく正義

　現代の日本における３人の論者による共生をめぐる考察を取り上げよう。まず，法哲学者の井上達夫は，共生とは，異なる他者との対立緊張を引き受けつつ，そこから豊かな関係性作り出そうとする営みである，と規定する[8]。その上で，異なる者同士の共生は，それぞれが異なる者であるという権利と，お互いが対等に認められる要求とを統合しようとする企てであると論じている。

　また井上は，多様な共生を可能にする「共通の作法」として「会話」を挙げている[9]。会話とは，異なる行動を取りながらも，共生を営む人間の結びつきの一つの形態である。会話は，人々がお互いを応答されるべき独立した人格として尊重し合うことで成り立つ。井上は，相互に尊敬し合うという「会話の作法」に，「会話としての正義」を見出している。

　そして井上らは，生態学における「共棲（symbiosis）」と，人間の社会における「共生（conviviality）」を区別することを提案する[10]。「共棲」が安定した閉鎖系に基づくのに対して，「共生」は異質なものに開かれた社会的な結びつきである。

　さらに井上らは，「調和・協調」と「共生」とを区別する。彼らによれば，調和や協調は，似た者同士で仲良く優しく生きることや，集団と一体化して生きることを示唆する。それに対して，「共生」は，異なる者同士が各自の自由や参加をお互いに認め合って，意識的・積極的に作り上げていくものであるという。

　これらの議論からは，異なる者同士が対立や緊張も引き受けつつ，会話を通して相互に尊重承認し合うことで，豊かな関係が形成され，共生が成立するといった考えが見出される。

（3）多様な個人・多様な文化の共生

　次に，哲学者の花崎皋平の議論を検討しよう。花崎も，生態学における相利共生に由来し，環境の危機に対して人間の持続可能な活動を求めるエコロジカルな共生の思想と，社会の矛盾や葛藤を克服するための共生の思想を区別している[11]。

　後者の社会における共生は，異なる者同士が，日常生活において，社会的に平等で，文化的に非排他的な関係を作ることである。その実現のためには，各人の意識の変化が必要となり，例えば，文化が単独で孤立するのではなく，文化間が相互に影響を与え合うことを歓迎する土壌が求められる。

　また花崎によれば，人間は誰もが善を行う可能性も悪を行う可能性もあり，自分が傷つきやすい存在であるとともに，他人を傷つけてしまうかもしれない存在でもある[12]。だからこそ，人間には他人からの助けが必要であり，自戒を促す批判も必要なのである。人間はそのように不完全であり，他者を必要とする存在であるからこそ，そのような者同士の対等な関係から，他者と共生する可能性が開かれるという。

　さらに花崎は，日常生活における具体的な場面でよりよい共生が実現されるために，様々な経験や活動に基づいて，あるべき共生の関係と多様性を祝福する文化を育て，自然と人間が持つ多様性とその多様性が持つ創造性を肯定する思想を鍛え，現実を批判し変革する道徳や哲学を作り上げることを提案している[13]。

　井上の議論が，個人と個人の共生を主眼としているのに対して，花崎の議論は，個人が生きる社会に焦点を当てつつ，集団と集団，文化と文化の共生も射程に収めている。

（4）共生のための正義とケア

　そして，倫理学者の川本隆史は，共生の倫理の課題として，社会において公平や平等という価値を重んじる「正義の倫理」と，目の前の他者への応答や責任を根本に据える「ケアの倫理」の統合を挙げている[14]。不正な社会では，私たちが共生することは困難であろう。私たちが社会において共に生きるためには，社会の制度において正義にかなったルールが必要であり，また具体的な人間関係における支え合いが必要である。そこで，次に第3節では，正義の倫理とケアの倫理の代表的な理論を検討してみよう。

3　共生の倫理

マクロな共生の倫理としての正義

　本節では，社会におけるマクロな共生の倫理の代表例として，ロールズの正義論を，人間関係におけるミクロな共生の倫理の代表例として，ギリガンのケアの倫理を取り上げる。

　異なる者が共に生きるためには，一定のルールを守らなければならない。そのような社会におけるルールを「倫理」と言う。私たちが共に生きるためには，差別や排除を避けるべきであり，その意味で「共生の倫理」は，「正義」にかなっていなければならない。

　正義とは，一般的には，等しい者を等しく扱い，異なる者をその違いに応じて扱うことである。そして，正義にかなった社会のしくみを考えるのが「正義論」である。現代の正義論は，米国の倫理学者のジョン・ロールズ（1921-2002）の『正義論』（1971年）を出発点としているので，以下でその議論を見てみよう[15]。

　まず，ロールズは，自分の利益の増進を目指す自由で合理的な
人々が，平等に納得して受け入れる社会のしくみを考える，という
仕方で「正義の原理」について論じている。

　ロールズは，誰のどのような合理的な人生計画にも必要なものを
「社会的基本財」と呼び，権利，自由，機会，所得と富，自尊心を
挙げている。また，社会で生まれる利益と，社会を維持するための
負担は，社会のメンバーに公正で適切に分配されなければならない。
そこで，誰の人生にも必要な基本財，社会における利益と負担を，
適正に分配することを目指すのが「正義の原理」である。

　ロールズは，正義の原理を大きく二つに分けている。第一原理は，
すべての人が，平等に自由を持つべきだという「平等な自由の原
理」である。第二原理は，さらに二つに分かれる。その一つは，有
利な地位や職業に就く機会が，全員に開かれているべきだという
「公正な機会均等の原理」，もう一つは，社会的・経済的な不平等は
あっても構わないが，最も恵まれない人々に大きな利益がもたらさ
れなければならないという「格差原理」である。

　ここで，人々が正義の原理について討議して採決する，「原初状
態」という架空の状況を考えてみよう。そこで，人々は自分の境遇
や能力などについて知らないという，「無知のヴェール」という制
約のもとで話し合うとする。すると，人々は現在の自分にとって好
都合な社会ではなく，誰にとっても公平な社会の原理を考えるので，
正義の二原理が採択されるだろう，とロールズは論じている。

　このような正義の倫理は，万人の自由や平等が公正に保障される
社会を目指すという意味で，マクロな共生の倫理の一つの形態であ
ると言えよう。

ミクロな共生の倫理としてのケア

『正義論』は大きな反響を呼び，ロールズが見落としている問題があるといった批判もあった。ロールズを直接に批判しているわけではないが，「正義の倫理」に異論を提出して，「ケアの倫理」の重要性を示したのが，米国の心理学者のキャロル・ギリガン（1936-）の『もうひとつの声で』（1982年）である[16]。

ギリガンによると，「正義の倫理」では，自己決定の主体として他人から独立した自己を基底として，自分と他人の自律性を尊重し，公平性や平等を重視し，権利や規則を抽象的に理解し，道徳的な問題を権利間の調整や優先順位付けの問題として考える。

それに対して，「ケアの倫理」では，人間関係の結びつきを基底として，自分と他人の相互依存性を尊重し，他者への応答や他者を傷つけない非暴力性を重視し，他人のニーズに共感・配慮し，道徳的な問題を様々な責任が葛藤する文脈において捉える。

ギリガンはさしあたり，正義の倫理が男性的であり，ケアの倫理が女性的であると述べて，男性はケアの倫理によって正義の倫理の冷淡さを修正すべきであり，女性は正義の倫理によってケアの倫理の自己犠牲を緩和すべきあると論じている。

しかしギリガンは，正義の倫理とケアの倫理の違いが，男性と女性の違いに固定されるとは考えていない。むしろ，正義の倫理とケアの倫理は，相互に補い合うべきであり，成熟した人間にとっては，正義の倫理とケアの倫理の両方が必要であるという。

このようなケアの倫理は，具体的な他者に場面に応じて応答する責任を重視するという意味で，ミクロな共生の倫理の一つの形態であると言えよう。

◆◆◆◆◆◆ **課題** ◆◆◆◆◆◆

1. 私たちの生活がどのような共生によって成り立っているか，調べたり
   考えたりしてみよう。

2. 多様な人々の共生を可能にするには，どのような社会のしくみが必要
   か考えてみよう。

註

（1）　以下は，ジャレド・ダイアモンド著，倉骨彰訳『銃・病原菌・鉄』上
　　　下巻，草思社文庫，2012年，マンフレッド・B・スティーガー著，櫻井
　　　公人・櫻井純理・髙嶋正晴訳『新版　グローバリゼーション』岩波書店，
　　　2010年，正村俊之『グローバリゼーション——現代はいかなる時代なの
　　　か』有斐閣，2009年，水島司『グローバル・ヒストリー入門』山川出版
　　　社，2010年を参照。

（2）　例えば以下のように，早くから植民地支配に反対する議論もあった。
　　　バルトロメ・デ・ラス・カサス著，染田秀藤訳『インディアスの破壊に
　　　ついての簡潔な報告』岩波文庫，1976年。

（3）　栗原彬「共生」，大庭健編集代表『現代倫理学事典』弘文堂，2006年，
　　　183-185頁を参照。

（4）　このような課題について検討している文献として，例えば以下のもの
　　　がある。石崎嘉彦ほか『グローバル世界と倫理』ナカニシヤ出版，2008
　　　年，寺田俊郎・舟場保之編著『グローバル・エシックスを考える——
　　　「九・一一」後の世界と倫理』梓出版社，2008年，寄川条路編著『グロ
　　　ーバル・エシックス——寛容・連帯・世界市民』ミネルヴァ書房，2009
　　　年。

（5）　以下は，中村隆文『世界がわかる比較思想史入門』ちくま新書，2021
　　　年，19-142頁を参照。

（6）　イヴァン・イリイチ著，渡辺京二・渡辺梨佐訳『コンヴィヴィアリテ
　　　ィのための道具』ちくま学芸文庫，2015年，39-40頁。

（7）　以下は，西川潤，マルク・アンベール編『共生主義宣言——経済成長なき時代をどう生きるか』コモンズ，2017年，6-10頁を参照。

（8）　以下は，井上達夫「共生」，廣松渉ほか編『岩波　哲学・思想事典』岩波書店，1998年，343-344頁を参照。

（9）　以下は，井上達夫『増補新装版　共生の作法——会話としての正義』勁草書房，2021年，249-263頁を参照。

（10）　以下は，井上達夫・名和田是彦・桂木隆夫『共生への冒険』毎日新聞社，1992年，22-27頁を参照。

（11）　以下は，花崎皋平「共生の思想」，木田元ほか編『コンサイス　20世紀思想事典　第二版』三省堂，1997年，273-274頁を参照。

（12）　以下は，花崎皋平『増補　アイデンティティと共生の哲学』平凡社ライブラリー，2001年，42頁を参照。

（13）　花崎，同前書，211-213頁。

（14）　川本隆史『〈共生〉から考える——倫理学集中講義』岩波現代文庫，2022年，43-49頁。

（15）　以下は，ジョン・ロールズ著，川本隆史・福間聡・神島裕子訳『正義論　改訂版』紀伊國屋書店，2010年，5-31，75-89，159-192頁を参照。

（16）　以下は，キャロル・ギリガン著，川本隆史・山辺恵理子・米典子訳『もうひとつの声で——心理学の理論とケアの倫理』風行社，2022年，305-393頁を参照。

（吉田修馬）

第**2**章
人権の思想

　異なる背景や価値観を持つ者同士が共に生きる上では，お互いの権利を尊重し合うことが重要である。人間の誰もが生まれながらに持つ永久不可侵の権利を「基本的人権」と呼ぶ。お互いの人権を尊重し合うというルールのもとでこそ，私たちはお互いに豊かな関係を形成して共に生きていくことができる。

　本章では，人権の分類や特性を整理した後に，人権の出発点となった自然権思想を概観し，なぜ人権が尊重されるべきなのかを理由づける代表的な理論を取り上げる。また，人権の対象や内容が深化してきた過程とその思想的な背景を振り返った上で，現代における人権をめぐる課題について考えてみたい。

1　人権とは

人権の種類

　人権の内容は歴史的に発展してきており，社会の変化に応じて今後も深化するであろう。しかし，私たちがお互いの人権を尊重して共に生きるためには，人権について現時点でのおおよその共通の了解を確認する必要がある。そこで本節では，（1）人権の種類，（2）人権の特性を整理することで，人権の内容を明らかにしたい。

　人権は一方では，国家や憲法に先立って，人間が生まれながらに持っていると認められるべき権利である。国家も，また市場や共同体や国際社会も，人権が保障され実現される場にも，人権が侵害・抑圧される場にもなりうる[1]。他方で，現代において各個人の権利を実効的に保障しているのは，多くの場合，国家の憲法である。そこでここでは，「日本国憲法」（1946年）を例として，そこに規定されている人権を大まかに分類して整理してみる（以下の括弧内の数字は日本国憲法の条番号を示す）。

　まず，人権全般に関わる原則として，永久不可侵の基本的人権の尊重（第11条），個人とその生命・自由・幸福追求の権利の尊重（第13条）がある。そして，日本国憲法で保障されている人権は，①平等権，②自由権，③社会権，④参政権，⑤請求権の5種類に分けて理解することができる。加えて，人権に対する考え方の深化や，社会の変化に伴って新たに生まれた，⑥新しい権利がある。

　①「平等権」とは，誰もが差別されずに等しく扱われる権利であり，「法の下の平等」という考え方に基づいている（第14条）。

②「自由権」とは，国家に干渉されずに個人の自由を確保する権利であり，精神の自由，身体の自由，経済活動の自由の３種類に分類される。「精神の自由」は，思想・良心の自由（第19条）のような内心の自由と，表現の自由（第21条）のような内心を外部に表す自由である。「身体の自由」は，正当な理由なしに身体を拘束されない自由（第18条・第31条）などである。「経済活動の自由」は，職業選択の自由（第22条）や財産権（第29条）などであるが，「公共の福祉」によって制限されることがある。

③「社会権」とは，国家によって人間らしい生活を保障される権利である。「健康で文化的な最低限度の生活を営む権利」である生存権（第25条），教育を受ける権利（第26条），働く権利と働く人の権利である労働基本権（第27条・第28条）などがある。

④「参政権」とは，政治に参加する権利であり，選挙で投票する権利や選挙に立候補する権利（第15条）などがある。

⑤「請求権」とは，主に人権侵害の救済を求める権利であり，国や地方公共団体に希望を表明する請願権（第16条）や，裁判を受ける権利（第32条・第37条）などがある。

これに加えて，⑥「新しい権利」は，日本国憲法には明記されていないが，新たに認められるようになった人権である。代表的なものには，主に政治や行政に関する情報の入手を保障される「知る権利」，個人の私的な生活を意に反して公開されない「プライバシーの権利」，良好な環境を享受する「環境権」などがある。

ただし，これらの権利を濫用してはならず，「公共の福祉」のために利用する責任がある（第13条）。つまり，他人の権利を侵害してはならないし，権利は義務や責任を伴うのである。

人権の特性

　人権の概念は，様々に議論されうるが，①制度性，②道徳性，③普遍性，④平等性，⑤不可讓性，⑥切り札性，⑦一応性，⑧歴史性，という8つの特性を挙げることができる[2]。

　①「制度性」とは，憲法や国際文書が制度的に保障する，という特性である。つまり，国家の憲法，国家間や国際機関の条約などとして制定され，条文として表される，という性質である。

　②「道徳性」とは，国家や憲法に先立って人間が生まれながらに持っている，という特性である。人間が生まれながらに持っている権利を「自然権」と呼ぶ。道徳性は人権の自然権として側面であると言えよう。自然権については第2節で取り上げる。

　③「普遍性」とは，人間であれば誰でも持っている，という特性である。つまり，人権は，年齢や性別，身分や立場，出身地や国籍などを問わず，あらゆる人が有するものである。

　④「平等性」とは，人間が等しく持っている，という特性である。例えば，ある人が持つ人権と，別の人が持つ人権が異なるべきではなく，誰もが同じ人権を持つべきである。

　⑤「不可讓性」とは，人権は讓ったり讓られたり，奪ったり奪われたりすることがない，という特性である。例えば，戦争に敗れても人権は奪われないし，人権を売り渡すような約束は無効であり無意味である。

　⑥「切り札性」とは，人権は多数派や社会全体の利益のために犠牲にされてはならない，という特性である。これは，社会において何らかの多数派と少数派が生じてしまう場合に，少数派の権利を保障して多数派と少数派との共生を考える上でも重要である。

⑦「一応性」とは，人権は一応の要求をするのみであり，調整され制約されることもある，という特性である。ある人の権利と他の人の権利は衝突することもある。それらを調整するための原理の一つが上述の「公共の福祉」である。

⑧「歴史性」とは，人権は歴史を通じて発展する，という特性である。先述の分類を使えば，人権は，自由権，参政権，社会権の順に拡大してきた。人権の拡大については，第3節で取り上げる。

以上のように，人権の内容は，6種類の分類と8つの特性によって理解することができる。

2　人権の成り立ち

人権の出発点としての自然権思想

人権の出発点には，人間は国家に先立って生まれながらに権利を持つという「自然権思想」がある[3]。これに関連して，国家や政府がない「自然状態」を想定して，権利の保障のために国家が必要になることを説明し，人々の契約に基づく国家が正しい国家だと考えるのが「社会契約説」である。

また，第1節で言及したように，人権の基礎の一つには「個人の尊重」があり，これに関連して「人格の尊厳」という考え方がある。

そこで本節では，（1）人権の出発点として，自然権思想と社会契約説を唱えた，ホッブズ，ロック，ルソーの3人の思想家の議論と，（2）人権の基礎をなす，人格の尊厳についてのカントの考え方を検討しよう。

（1）ホッブズ

　近代的な自然権思想は，英国のトマス・ホッブズ（1588-1679）とともに始まる。主著の『リヴァイアサン』（1651年）は，ピューリタン革命（1640-60年）とも呼ばれる英国の内乱期に書かれ，内乱を克服して平和を確立することを課題にしている[4]。

　ホッブズによれば，人間は「自己保存」を目指す存在であり，国家のない「自然状態」においては，自分の生命を守るために，自分の力を用いる自由を「自然権」として持っている。また，最も強い人間であっても危険を免れえないという程度には，人間の心身の能力は平等である。そのためにかえって，人間の間には競争や相互不信が生じるので，自然状態は「各人の各人に対する戦争」の状態であり，人々の人生は孤独で貧しく不快で残忍で短い。

　そこで，人々は死への恐怖や快適な生活への欲求といった情念から平和に向かい，理性は平和のための規則である「自然法」を見出す。しかし，ホッブズによれば，人々が実際に約束を守って平和が成り立つためには，違反者を処罰する共通の権力が必要である。そうして人々は自然権を放棄して，特定の人物や集団に譲渡し，お互いに契約して「国家」という共通の権力が設立される。

　ホッブズは結論としては強い権力を持つ国家を擁護したが，人間を自由で平等な存在であると捉え，自然法に対して自然権を優先させ，国家を各個人の自己保存のために人為的に設立される存在として論じていることなどに意義がある。さらに，自由で平等な人々が利己的にふるまうだけでは，秩序や平和が成り立たず，各人の利益が実現しない場面がありうることが示唆されている[5]。

（2）ロック

　ホッブズの議論を継承しつつ，ホッブズとは異なる社会契約説を論じたのが英国のジョン・ロック（1632-1704）である。主著の『統治二論』（1690年）は，国王の専制に反対して構想され，名誉革命（1688-89年）の直後に公表されている[6]。

　ロックによれば，自然状態には神が個人と人類の保存を命じた「自然法」が支配しており，人々は自然法の範囲内で自由で平等で平和である。また，人々は「自然権」として，自分の生命，自由，財産に対する「所有権」を持っている。人間は自分の身体に対する所有権を持ち，身体の労働の成果は当人の所有物になる。

　しかし，自然状態では所有権が侵害され救済されない恐れがあるので，人々は所有権の保護のために「政府」を設立する。人間は生まれながらに自由で平等で独立しているが，人々は相互の「同意」に基づいて結合し，政府に従うことに決めるのである。他方で，政府は人民の所有権の保障を目的として，人々の「信託」によって成立する。そこで，もし政府が信託に反して人民の権利を侵害する場合には，人民は政府に対する「抵抗権」や，天に訴えてでも政府を解体して新しい政府を設立する「革命権」を持っている。

　ロック自身は安易に抵抗権を行使することには否定的だったが，その理論の歴史的な意義は明白であり，例えば，アメリカ独立革命（1775-83年）などにその影響を見出すことができる。また，ロックは理性に基づいて人間の自由や平等を考えている。その考えは，理性を用いて無知や偏見から脱して，伝統や権威に縛られず，主体的に思考し行為することを重視する「啓蒙思想」の先駆となった。啓蒙思想は後述のルソーやカントに引き継がれている。

（3）ルソー

　自由で平等な個人を出発点にして，社会契約説をさらに推し進め
たのが，スイスに生まれてフランスで活動したジャン＝ジャック・
ルソー（1712-78）である。主著の『社会契約論』（1762年）では，
自由で平等な国家の原理が考察されている。

　ルソーによれば，自然状態の人間は，自己保存を目指す「自己
愛」と，他人が苦しむのを嫌う「憐れみ」を持っており，自由で平
等であり，独立して自足している[7]。しかし人類は，社会を作らな
ければ生存できなくなる。そこで人々は，全員が同じ条件で自然的
な自由を放棄して，全員が立法権を持つ主権者の一員となる「共和
国」を作る「社会契約」を行う[8]。

　そうして設立される国家において，人々は全員に共通の利益を目
指して議論し，全員が従うべき法を全員で決める。そこでは，特定
の誰かの恣意に服従するのではなく，全員で決めた法が各人に等し
く適用されるという意味で，各人は法的・道徳的に自由で平等であ
る。さらにルソーは，人々の共通の利益を目指す普遍的な意志を
「一般意志」と呼んで，それを私的な利益を目指す「特殊意志」や
その総和である「全体意志」から区別している。

　ルソーの議論は，自分のことを自分で決める「自律」としての自
由，人民の全員が主権者として立法に参加する「人民主権」，法が
各人を等しく扱う「法の下の平等」といった考え方の相互の結びつ
きを示している。また，市民が人々に共通の利益を目指して政治に
参加し，公共の務めを果たすことを重視する考え方は，現代の民主
主義について考える上でも示唆的である。ルソーの思想は，フラン
ス革命（1789-99年）の過程で注目を集めていった。

人権の根拠としての人格の尊重

　それでは，なぜ人間は生まれながらに人権を持っていると言えるのか，なぜ人権を尊重することが重要なのか。こういった問題に答えて，人権の思想的な基礎や根拠となる思想を，ドイツのカント（1724-1804）の『道徳形而上学の基礎づけ（道徳形而上学原論）』（1785年）に見出すことができる[9]。

　カントは，「物件」と「人格」を区別する。「物件」は，何らかの目的のための手段として，他のものと置き換え可能であり，価格で測ることができる相対的な価値を持っている。それに対して「人格」は，他の目的のための単なる手段ではなくそれ自体で目的であり，他のものと置き換えることができず，価格で測ることができない絶対的な価値を持っている。人間の誰もが人格として持っている，かけがえのない価値が「人間の尊厳」である。

　人間が人格であるというのは，人間は自分の理性によって，万人が従うべき普遍的な法則に自分から従うことができる自律的な存在だということである。そしてカントは，人間は自分のことも他人のことも，何か他の目的のための単なる手段として扱ってはならず，それ自体で目的を持つ人格として扱わなければならない，という法則を，人間が人間として守るべき義務として提示している。

　人間の尊厳が尊重されるべきであるというカントの議論は，人間は誰もが権利を持っており，人権が尊重されるべきであるという考え方に一つの根拠を与えている。また，「義務」を組織や国家から押しつけられるものではなく，人間が人間として自ら守るべきものとして捉えて，義務に基づいて行為の正しさを判断する理論は，現代の倫理学では「義務論」と呼ばれている。

3　人権の拡がり

市民革命と人権

18世紀になると，「市民革命」を経て人権が認められ始めた。しかし，人権を享受できるようになったのは，当初は一部の市民のみであった。さらに，人権の内容についても，不十分であることが明らかになっていった。そこで本節では，（1）市民革命の過程を概観し，（2）人権の対象の拡大と，（3）人権の内容の深化について，その思想的な背景や歴史的な状況を振り返ってみよう。

前述の名誉革命，アメリカ独立革命，フランス革命などは，新興の有力市民が中心となって旧来の身分制を打倒し，近代的な市民社会を出現させたことで「市民革命」と呼ばれる。この市民革命の過程で，自然権は公的に認められるようになっていった。

例えば「アメリカ独立宣言」（1776年）では，奪われることのない権利として，「生命，自由，幸福追求」が挙げられている。また「フランス人権宣言（人間と市民の権利の宣言）」（1789年）では，人間が自由で平等な存在として捉えられ，自然権として「自由，所有権，安全および圧制への抵抗」が示されている[10]。このように，幸福追求権や所有権などを中心とする「自由権」は，18世紀末までには人権として認められ始めた。

他方で，実際に保障されるようになったのは，基本的には裕福な白人男性市民の権利であった。そのような限界を批判して，人間の権利を広げる努力も当初から存在していた。

例えば，フランスのオランプ・ド・グージュ（1748-93）や英国

のメアリ・ウルストンクラフト（1759-97）は女性の権利の実現を
主張した。また，ハイチ革命（1791-1804年）では，黒人奴隷の武装
蜂起をきっかけに，奴隷の解放とハイチのフランスからの独立が達
成され，奴隷貿易や奴隷制の廃絶に向けて大きな一歩になった。

　また，個人の権利を保障するために，統治のしくみの工夫や改良
も進んだ。フランスのシャルル＝ルイ・ド・モンテスキュー
（1689-1755）の『法の精神』（1748年）の着想は，国王の執行権を貴
族の立法権や司法権が抑制するといった身分制の要素を残している
が，「権力分立」論の先駆である[(11)]。

　さらに，「アメリカ合衆国憲法」（1787年）では，立法府を上院と
下院に分割して権力を抑制させ合い，議会とは別に選出される大統
領に行政権を与え，司法権に違憲立法審査権を認める厳格な「三権
分立」によって，近代国家に必要な制度を整備しつつ，権力の暴走
による個人の権利の侵害を避けるように試みられている[(12)]。

人権の対象の拡大

　フランス革命の過程で，国民公会（1792-95年）は一応の世界初の
男性普通選挙によって選出され，「1793年憲法」では男性普通選挙
が規定されたが，革命の混乱の中で普通選挙は実施されず，本格的
な男性普通選挙の定着は二月革命（1848年）の後になった。

　参政権の拡大という主張に理論的な根拠を与えた思想の一つに，
英国のジェレミー・ベンサム（1748-1832）が『道徳と立法の原理序
説』（1789年）で広めた「功利主義」がある[(13)]。ベンサムや後述の
ミルは，選挙権の拡大の要求など，英国の様々な社会改良の運動に
関与している。

　ベンサムによれば，人間は快楽を求め苦痛を避ける存在として平等であり，誰をも特別扱いせずに，どの関係者も同じように幸福を求める一人として平等に数えるべきである。そして，関係者の全体の幸福を増やすかどうかによって，行為や政策の正しさを判断するのが「功利原理」である。ベンサムは後に，功利原理の目標を「最大多数の最大幸福」と言い表している。

　ベンサムは自然権思想を批判している。他方で，ベンサムの考えを敷衍すれば，各人が幸福を追求し，社会全体の最大幸福を促進するためにも，個人の権利は保障されるべきである。つまり，自然権思想とは異なる功利主義の考え方を用いて，人権の重要さを説明することも可能である。

　他方で，社会全体の幸福が増進しても，例えば，少数派の個人の幸福が犠牲にされる場合もありうる。それに対して，ベンサムの功利主義を受け継ぎつつ，個人の自由を重視したのが英国のジョン・スチュアート・ミル（1806-73）である。ミルは『自由論』（1859年）において，いわゆる「（他者）危害原則」を提唱している[14]。

　多数者が少数者の自由を抑圧するという「多数者の専制」という問題に対して，ミルは他人に危害を加えるのを防ぐ場合を除いて，個人の自由をできる限り尊重すべきだと主張している。これを敷衍すれば，自由や権利のような重要な事柄は，多数者の幸福のためであっても犠牲にされてはならない，と考えることができる。

　さらに，ベンサムは同性愛を擁護し，ミルは第2回選挙法改正（1867年）に際して女性参政権を主張するなど，功利主義の思想に基づいて人権の拡大を唱えている。このように，功利主義は，自然権思想とは異なる形の人権の思想であると言えよう。

人権の内容の拡大

（1）社会問題から社会権へ

18世紀の半ばから19世紀には「産業革命」が進行した。繊維工業から機械化が進み，工場で安価な製品の大量生産が可能になった。また，石炭を燃料として蒸気の熱を動力に利用する蒸気機関が改良され，鉄道や蒸気船の開発により交通や輸送が急速に拡大した。

生産が増加して，「資本主義」の経済が成長する一方で，貧富の不平等の拡大，過酷な低賃金労働や不況下の大量失業，人口密集による都市の不衛生といった「社会問題」が深刻化した。また，英国の綿工業は北米の奴隷制大農場産の綿花を原料とするなど，経済発展は奴隷制や植民地支配に依存している側面があった。

そういった中で，労働者の権利の拡大を目指し，不平等の是正を主張したのが，ドイツに生まれ英国などで活動したカール・マルクス（1818-83）に代表される「社会主義」の思想である。

マルクスによれば，資本主義の社会では往々にして，労働が生み出す利益が資本家（経営者や株主）のものになるので，労働者は働いても，十分な賃金を得て貧困から脱却することが難しい[15]。さらに，多くの労働者は自分の個性や能力を発揮する労働ができず，労働は生計のために仕方なく行うことになる。同僚や同業者は仲間というより競争相手となり，各人は孤立して対立し合い，他人と協力することも困難である。そうして，多くの労働者が人間らしい働き方や生き方ができない「疎外」の状態に追い込まれる。

生産手段が私有され，商品が市場を通じて取引され，個人や企業が利益を求めて市場で自由に競争を行う「資本主義」に対して，マルクスらの「社会主義」の思想は，生産手段を共有し，計画的に経

済を進め，生産物を公平に分配することを唱えた。しかし，実際に社会主義を目指した国家では，政府や政党に大きな権力が集中し，個人の自由や権利が抑圧されることがあった。

　他方で，労働者の権利，人間が人間らしく生きる権利が保障されるべきだという考え方は，19世紀末から次第に資本主義諸国にも取り入れられていった。社会主義の思想は，「社会権」が保障されるべきだと考えられるようになる契機の一つになった。

（2）福祉国家の成立

　19世紀の後半から20世紀の初頭にかけて，各国で社会保険などの社会政策が次第に整備された。特に，ドイツのいわゆる「ワイマール憲法」（1919年）には，人間に値する生活を保障される権利である「社会権」が明記されている[16]。

　さらに，20世紀の半ばに「福祉国家」が成立した[17]。福祉国家とは，一般的には，経済政策や社会保障制度によって，国民の福祉の向上を目指し，資本主義の経済体制の範囲内で，政府が市場や国民生活に関与することで，社会問題の解決を図り，社会権を含む広範な人権を保障しようとする国家である。福祉国家の源流には功利主義や社会主義など様々な思想があるが，典型的には，ケインズの経済理論とベヴァリッジの社会保障構想に基づいている。

　英国のジョン・メイナード・ケインズ（1883-1946）は，不況や失業が発生する原因を需要の不足に見出し，市場の機能だけでは失業問題が改善しないと考え，政府が財政政策や金融政策によって社会的に有用な事業に大規模な投資を行って雇用を生み出すことで，完全雇用を達成して経済成長を維持することを目指した[18]。

　また，英国のウィリアム・ベヴァリッジ（1879-1963）は，国民が保険料を拠出し，必要な場合に給付を受け取る「社会保険」と，生活困窮者の生活を，国家が公費で援助する「公的扶助」を組み合わせ，さらに児童手当や公的医療保険制度を拡充し，国家が国民の最低限度の生活を保障する「社会保障制度」を構想した[(19)]。

　福祉国家は，1970年代の不況下の物価高騰によって行き詰ったとも言われるが，経済的な場面も含めて人権の保障が重要であることは，現在でも変わらないであろう。いずれにしても，18世紀には自由権が中心であった人権は，19世紀から20世紀にかけて，参政権や社会権も含むものに拡大していった。

4　人権の再検討

人権の光と陰

　最後に，本節では現代につながる人権をめぐる課題について考えてみたい。一つは，人権を考える上で踏まえるべき反省であり，もう一つは人権という考えに対する批判の検討である。

　第3節で論じた社会保険制度の拡充の背景の一つには，「帝国主義」の国家間競争の時代にあって，国民を国家の経済力や軍事力の増強に貢献させようとする発想があった。また20世紀に各国で次第に女性参政権が実現した背景の一つには，戦争が総力戦となり，女性が戦争に貢献するようになったことがあった。もちろん，社会保障制度や女性参政権それ自体が悪いわけではないが，それらが成立した背景に対して無関心であってはならないだろう。

　また，20世紀には，国際的に人権を保障することの重要性の認識

が高まったが，その背景には，２度の世界大戦において，戦闘員にも非戦闘員にも膨大な被害者を出し，甚大な人権侵害が発生したことに対する反省がある。現代でも様々な人道危機や人権侵害は続いており，その解決に向けて不断の努力が求められる。

人権への批判

　人権は，以下のように批判されることがある。人権という考え方は西洋文化の産物であり，人権の普遍性を主張することは，西洋の文化の押しつけである。西洋の価値観では自由や人権を重視するが，アジアの価値観では秩序や規律を重視する。また，経済発展のためには，自由や人権よりも，秩序や規律が必要である。そのためアジアでは，西洋ほどには人権は重要ではない，といった議論である。このようないわゆる「アジア的価値」に対して，英領インド生まれのアマルティア・セン（1933-）が反論している[20]。

　まず，自由や権利を抑圧する権威主義の体制が，経済発展に有利だという統計的な証拠はない。また，自由や権利が保障されている社会では，災害の被害が軽減されるといった効果がある。さらに，自由や権利は，人間にとってそれ自体として重要である。加えて，アジアは多様であり，アジア全体が同じ価値観や文化を持っているかのように論じるべきではないという。

　確かに，人権は西洋近世という特定の時代と地域で生まれたものである。しかし現代では，欧米の人々の権利は尊重するが，アジアの人々の権利を尊重しなくても良い，といった差別的な考え方に説得力はないだろう。人権は，人間の共通性に基づくものであり，特定の文化を超えて，人類全体にとって価値があるのである。

◆◆◆◆◆◆ **課題** ◆◆◆◆◆◆

1．なぜ人権が尊重されなければならないのか考えてみよう。

2．どのような人権侵害が起きているのかを調べて，人権の保障をより確かにするにはどうすれば良いか考えてみよう。

註

（１） 井上達夫編『人権論の再構築』法律文化社，2010年，x-xv 頁。

（２） 以下は，深田三徳『現代人権論——人権の普遍性と不可譲性』弘文堂，1999年，107-116頁，川本隆史『〈共生〉から考える——倫理学集中講義』岩波現代文庫，2022年，130-131頁に基づいている。

（３） 第２節と第３節は，浜林正夫『人権の思想史』吉川弘文館，1999年，1-113，175-226頁，宇野重規『西洋政治思想史』有斐閣アルマ，2013年，99-202頁，柘植尚則『プレップ倫理学　増補版』弘文堂，2021年，17-48，113-156頁を参照。

（４） 以下は，トマス・ホッブズ著，加藤節訳『リヴァイアサン』上巻，ちくま学芸文庫，2022年，202-232頁を参照。

（５） 他方でアダム・スミスの議論によれば，人間は他者からの共感や是認を求める存在であり，他人からの共感を求めて自己抑制的になるので，「公平な観察者」から是認される適度な自己愛は正義にかなっており，各人が適切に自分の利益を追求するならば，意図しない結果として社会全体の利益が促進されるという。水田洋監訳・杉山忠平訳『国富論』第２巻，岩波文庫，2000年，300-304頁。

（６） 以下は，ジョン・ロック著，加藤節訳『完訳　統治二論』岩波文庫，2010年，291-311，324-353，384-447，551-593頁を参照。

（７） ジャン＝ジャック・ルソー著，坂倉裕治訳『人間不平等起源論』講談社学術文庫，2016年，40-94頁。

（８） 以下は，ジャン＝ジャック・ルソー著，桑原武夫・前川貞次郎訳『社会契約論』岩波文庫，1954年，28-61頁を参照。

（9）　以下は，イマヌエル・カント著，篠田英雄訳『道徳形而上学原論』岩波文庫，1976年，64-128頁を参照。

（10）　高木八尺・末延三次・宮沢俊義編『人権宣言集』岩波文庫，1957年，113-115，130-133頁。

（11）　モンテスキュー著，野田良之ほか訳『法の精神』上巻，岩波文庫，1989年，291-308頁。

（12）　高橋和之編『新版　世界憲法集』岩波文庫，2007年，50-73頁。

（13）　以下は，ジェレミー・ベンサム著，中山元訳『道徳と立法の諸原理序説』上巻，ちくま学芸文庫，2022年，27-41頁を参照。

（14）　以下は，ジョン・スチュアート・ミル著，関口正司訳『自由論』岩波文庫，2020年，167-206頁を参照。

（15）　以下は，カール・マルクス著，長谷川宏訳『経済学・哲学草稿』光文社古典新訳文庫，2010年，89-113頁を参照。

（16）　高木・末延・宮沢編，前掲書，212頁。

（17）　以下は，小峯敦編『福祉の経済思想家たち　増補改訂版』ナカニシヤ出版，2010年，200-210頁を参照。

（18）　ジョン・メイナード・ケインズ著，間宮陽介訳『雇用，利子および貨幣の一般理論』上巻，岩波文庫，2008年，34-48，157-182頁。

（19）　ウィリアム・ベヴァリッジ著，一圓光彌監訳『ベヴァリッジ報告——社会保険および関連サービス』法律文化社，2014年，1-28頁。

（20）　以下は，アマルティア・セン著，大石りら訳『貧困の克服——アジア発展の鍵は何か』集英社新書，2002年，62-99頁を参照。

（吉田修馬）

第Ⅱ部　多文化と人権

———共生が求められる地球社会———

第**3**章
人権保障の国際化

　近代的な人権の概念は，17世紀から18世紀にかけてヨーロッパと
アメリカで生まれた。当初，参政権や公職に就く権利は財産を所有
する男性のみに与えられるという限定的なものであった。人権が普
遍的な意味をもつようになるのは，国際社会が第二次世界大戦中の
ナチスによるユダヤ人に対する残虐行為などを目の当たりにしてか
らである。1948年に国連で採択された世界人権宣言は，人権が国際
的レベルで全ての人に保障されることを明記した最初の法的枠組み
となった。本章では国際的な人権の保障がどのように発展してきた
のかを概説するとともに，グローバル化の進展に伴う市民権概念の
変容についても触れ，最後に人権と市民権の関係について考察する。

1　国際的な人権保障

近代における人権の成立と展開

　近代的な人権の概念は，ヨーロッパおよびアメリカにおける宗教改革や市民革命の中で生まれたが，その思想的基盤となったのが17世紀から18世紀に登場したヨーロッパの啓蒙思想であった。ジョン・ロック（1632-1704）は人はすべて生まれながらに生命・自由・財産を平等にもっており，いかなる政府もこの自然権を侵すことはできないという自然権の思想を唱えた。しかし，全くの自然の状態では，自然権を守ることができないために政府が作られるというロックやトマス・ホッブズ（1588-1679）の考え方（社会契約説）が，後の市民革命に大きな影響を与えた。

　イギリスがアメリカ植民地からの税収を増やすため印紙税法（1765年）を制定するなど次々に課税したのに対して，植民地側は「代表なければ課税なし」と激しく抵抗し，1775年4月，アメリカ独立戦争が勃発した。1776年1月トマス・ペイン（1737-1809）は，君主制批判と独立の必然性を主張した小冊子『コモン・センス』を植民地で出版した。この論文はアメリカ植民地人の共感をよび世論を独立へと喚起した。

　1776年6月，ヴァージニアが他の植民地に先駆けて採択した憲法は，統治機構に関する規定の他に，人権の保障を謳い，これが権利章典の元祖とされる[1]。ヴァージニア権利章典の第1条は，「すべて人は生来ひとしく自由かつ独立しており，一定の生来の権利を有するものである」として自然権を規定している。第3条では，「政

府というものは，人民，国家もしくは社会の利益，保護および安全のために樹立されている」として，政府は人びとの権利を保障するためにつくられていることを謳っている。このように権利章典として人権に関する文書がととのった形であらわれたのは，18世紀後半，初めて成文憲法が作られたときのことであった。

　自然権や人民主権を謳ったヴァージニア権利章典の思想は，1776年7月4日に交付されたアメリカ独立宣言，そしてフランス革命によって宣言された「人および市民の権利宣言」（1789年）に受け継がれた。フランスの「人および市民の権利宣言」は，1791年のフランス憲法のはじめに置かれ，これを機に成文憲法には権利章典が伴うという慣行が定着した。

国際的な人権擁護の拡大──国連憲章と世界人権宣言

　20世紀に入ると，支配者の権力から人間の権利を保護するという考えが，ますます広く受け入れられるようになった。しかし，第二次世界大戦以前は人権は国内問題であり，他国の人権問題に口出ししてはならないという不干渉の原則から，個人としての人権が国際社会の問題とされることはなかった。第二次世界大戦後，ナチスがユダヤ人に対して行った人間の尊厳を踏みにじるような野蛮な虐殺行為に対して，国際社会が国内問題であるとして何の対応もとらなかったことが惨禍をもたらしたという反省から，人権を国際的に保護していくことの気運が高まった。

　第二次世界大戦後，人権を国際的に保護していくための第1歩となったのが，1945年4月から6月まで開催されたサンフランシスコ会議であった[(2)]。同会議は国際連合発足の基礎を作ったが，同時に

人権が普遍的なものであり，国際的に保護していくべきだということを国連の基本文書に盛り込んだ。この過程で重要な役割を果たしたのは，ラテンアメリカ諸国や女性，労働組合，民族組織，宗教団体を代表する40余りの NGO の代表団であった。これら代表団は，明確な言葉で人権を定義づけるよう強く求め，その結果，国連の基本文書である国連憲章（Charter of the United Nations）に人権の規定が盛り込まれることになった[3]。

　国連憲章は加盟国の権利と義務を規定するとともに，国連の主要機関や手続きを定めている。憲章では国連の目的として，「国際の平和及び安全を維持すること」（第1条1項）と述べている。このような目的に沿って，条文の中では，人権を尊重する加盟国の義務とその保護のために加盟国が共同および個別で行動をとる義務を表明している。このように国連憲章は，人権侵害に対して加盟国が国際的に協力して関与していくことが盛り込まれているという点で画期的なものであった。

　しかし，国連憲章には人権の具体的な内容が明確には示されていなかった。そこで人権の保障を効果的なものにするために，国連人権委員会が設立され，国際人権章典（International Bill of Human Rights）が起草された。国際人権章典は，人権に関する宣言，法的拘束力のある人権規約，実地措置（締約国が条約の規定を守っているかどうかを監視するための仕組み）から構成されている。最初にまとめられた文書が世界人権宣言（Universal Declaration of Human Rights）で，1948年12月10日，国連総会で採択された。世界人権宣言は，史上初めて国際的なレベルで人権が明文化されたという意味で画期的な意義をもつ。

　世界人権宣言は，人権法の集大成であり，すべての国の人びとが享受すべき基本的な市民的，政治的，経済的，社会的，文化的権利を内容としている。第1条は，「すべての人間は，生まれながらにして自由であり，尊厳と権利について平等である。人間は理性と良心を授けられており，同胞の精神をもって互いに行動しなくてはならない」と述べ，人間であるがゆえに権利を持つという西洋啓蒙思想の理念を反映している。宣言は法的拘束力のない国連総会決議として採択されたが，その理念は広く世界に受け入れられ，多くの国の憲法の中に取り込まれている。

国際的な人権保障の進展と権利保護の実現

　世界人権宣言の内容に法的拘束力をもたせるために，国連人権委員会は国際人権規約の作業にとりかかり，長期に及ぶ審議を経た後に2つの規約が起草された。1つは，「経済的，社会的，文化的権利に関する国際規約（社会権規約）」，もう1つは「市民的，政治的権利に関する国際規約（自由権規約）」である。両規約は，世界人権宣言制定から18年経った1966年12月16日の国連総会において採択された。両規約の締約国は，規約で規定されている個人の権利を尊重し，保障する義務を負う。

　先述したように，世界人権宣言と国際人権規約を合わせたものを国際人権章典（図3.1）と呼び，両者は密接な関係にある。国際人権規約は，世界人権宣言に示された諸権利を詳細に規定し，この宣言にない若干の権利も盛り込んでおり，現代の人権諸条約の中でも最も基本的で包括的な文書とされる。社会権規約は，公正かつ好ましい条件のもとで働く権利（第7条），社会保障（第9条），適切な生

第Ⅱ部　多文化と人権

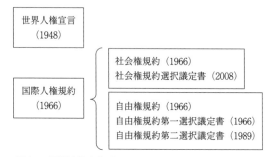

図3.1　国際人権章典（International Bill of Human Rights）
（出所）筆者作成。

活水準（第11条），到達可能な最高水準の身体，精神の健康を享受
する権利（第12条），教育を受ける権利（第13条），文化的自由と科
学進歩の恩恵を享受する権利（第15条）などの権利を規定している[4]。
　一方，自由権規約は，移動の自由（第12条），法の前の平等（第26
条），公正な裁判（第14条），思想および良心と宗教の自由（第18条），
意見と表現の自由（第19条），平和的な集会（第21条），結社の自由
（第22条），選挙への参加（第25条）などを定めている。また，社会
権規約は，締約国に漸進的に義務を実施するものとするのに対し，
自由権規約は即時的な義務を負うものとされる。
　国連は国際人権規約以外にも，様々な人権に関する条約を採択し
ている。表3.1に，国連で採択された主要な人権条約の採択年や締
約国数，日本の批准の状況を示した[5]。

国際人権条約の日本における実現

　国際人権条約の締約国は，国内で人権を保障するための制度を整
備することが求められる。そのため条約の締結にあたって，国内法

表 3.1　国連が中心となって作成した主要な人権条約

条約の名称	採択年	発効年	締約国数	日本が批准した年
ジェノサイド犯罪防止および処罰に関する条約	1948	1951	153	
人種差別撤廃条約	1965	1969	182	1995
経済的，社会的，文化的権利に関する国際規約（社会権規約）	1966	1976	171	1979
社会権規約選択議定書（個人通報）	2008	2013	26	
市民的，政治的権利に関する国際規約（自由権規約）	1966	1976	173	1979
自由権規約第一選択議定書（個人通報）	1966	1976	116	
自由権規約第二選択議定書（死刑廃止）	1989	1991	90	
難民の地位に関する条約	1951	1954	146	1981
難民の地位に関する議定書	1967	1967	147	1982
女性差別撤廃条約	1979	1981	189	1985
女性差別撤廃条約議定書	1999	2000	115	
拷問等禁止条約	1984	1987	173	1999
拷問等禁止条約選択議定書	2002	2006	92	
児童の権利に関する条約	1989	1990	196	1994
児童の権利に関する条約選択議定書（武力紛争）	2000	2002	173	2004
児童の権利に関する条約の選択議定書（売買春及び児童ポルノ禁止）	2000	2002	178	2005
児童の権利に関する条約選択議定書（通報手続き）	2011	2014	50	
移住労働者権利条約	1990	2003	58	
障害者権利条約	2006	2008	186	2014
障害者権利条約の選択議定書	2006	2008	104	

（出所）United Nations「Multilateral Treaties Deposited with the Secretary-General」https://treaties.un.org/Pages/Treaties.aspx?id=4&subid=A&clang=_en（2023年11月18日閲覧）を基に筆者作成。

との齟齬が生じないよう既存の国内法との整合性をはかる必要がある。国内的に人権保障を実施する方法は，主として２つある。１つは人権条約を実現するため特別に国内法を制定（改正）すること，今１つは人権条約をそのまま裁判等で適用することである[6]。

　以下では，国際人権条約を国内的に実現する仕組みについて，日本が批准した難民条約，女性差別撤廃条約，人種差別撤廃条約の批准過程と国内で法制度がどのような影響を受けたのか述べる。

　1951年に難民条約が採択され，国際的な難民保護体制ができたが，日本は難民条約の批准には慎重であった。1975年，ベトナム戦争におけるサイゴン陥落後，大量の難民が発生し，ベトナムだけでなくラオス，カンボジアからも難民の脱出が続くと，いわゆるインドシナ難民への対応が国際社会の大きな課題となった[7]。1975年５月，アメリカの船舶に救助された最初の難民９名が千葉港に上陸した。当初，日本政府はインドシナ難民に一時的な滞在しか認めようとせず，定住は認めなかった。しかし，国際社会から日本政府の難民定住への消極的な姿勢が批判され，結果的に定住を認めることになった。

　難民条約は，受け入れられた難民の社会保障について「自国民に与えると同等の待遇を与える」とし，「内外人平等の原則」（第24条）の適用を求めている。しかし，難民条約加入前の国民年金法や児童手当などの社会保障関係の法律には，日本国民のみを対象とする「国籍条項」があり，外国人は国民年金に加入できなかった[8]。そこで日本政府は難民条約の批准にあたって，「国籍条項」をもつ国内法を改正することになった。国民年金法および児童手当三法から「国籍条項」が削除され外国人にも適用されるようになり，1981

年10月に日本も難民条約を批准した。「出入国管理及び難民認定法
（入管法）」も改正され，難民手続きが整備され，日本国内で初めて
「難民」という概念が定められた。これを機に日本国内に居住する
外国人住民に社会保障制度が適用されるようになった。

　1979年12月18日，女性差別撤廃条約が国連総会で採択された。同
条約は，女性に対する差別を撤廃し女性の地位向上の取り組みの法
的な支柱となっているが，その中心理念は，男性は外で仕事し女性
は家事を担うという固定的な男女役割分担の考え方を変革し，実質
的な平等を実現することにあった[9]。日本は女性差別撤廃条約の採
択に賛成票を投じたが，条約が効力を発生するためには，日本政府
による批准の手続きが必要である。1980年7月17日，コペンハーゲ
ンで開催された第2回世界女性会議で，女性差別撤廃条約の署名式
があり，デンマーク大使高橋展子氏が日本代表として署名した。同
条約第2条で，条約を締結した国（締約国）に対して，あらゆる形
態の女性差別をなくすことを義務付けている。

　日本は女性差別撤廃条約を批准するにあたり，同条約に矛盾する
3つの法制度を整備する必要があった。まず，国籍法の改正である。
それまで，日本の国籍法では国際結婚で生まれた子どもは，父親が
日本人の場合だけ自動的に日本国籍を取得できたが，国籍法を改正
して母親が日本人である場合も日本国籍を取れるという父母両系血
統主義に変更された。次に，学習指導要領の改正である。戦後の日
本の家庭科では，男女で異なる教育が行われており，高校の「家庭
一般」は，女子のみが必修であったが，改正により男女共修になっ
た。最後に，男女雇用機会均等法の制定である。1947年に制定され
た労働基準法第4条には，賃金についての女性差別を禁止する規定

はあったが，それ以外に雇用の場における男女平等を定めた法律はなく，新たな法律が必要とされた。最終的に，既存の勤労婦人福祉法を改正し，1985年5月，男女雇用機会均等法が制定され，1985年に日本はようやく女性差別撤廃条約を批准した。

　人種差別を禁止し撤廃することを義務づけた人種差別撤廃条約は，ヨーロッパでネオナチが台頭してきた1965年に，国際人権規約（社会権規約と自由権規約）に先駆けて国連総会で採択された(10)。同条約第1条では，人種差別を「人種，皮膚の色，世系又は民族的若しくは種族的出身に基づくあらゆる区別，排除，制限又は優先であって，政治的，経済的，社会的，文化的その他のあらゆる公的生活の分野における平等の立場での人権および基本的自由を認識し，享有しまたは行使することを妨げまたは害する目的または効果を有するもの」と定義している。日本はこの条約を1995年に批准した。

　人種差別撤廃条約でいう「人種差別」とは，生物学的な人種区分だけなく，皮膚の色・世系・民族的・種族的出身を含む広い概念である。「世系」という概念は，出生に含まれる概念であり，カーストやそれに類似する地位の世襲制度を意味する。また，人種差別の定義には先住民族をも含む(11)。

　日本では，2000年代後半から，特定のマイノリティ集団を対象として路上や公共の場で憎悪や差別を煽り立てるヘイトスピーチが大きな社会問題になってきた。京都の朝鮮学校周辺で行われたヘイトスピーチに対する民事訴訟では，2013年10月7日の京都地裁判決で，ヘイトスピーチを人種差別撤廃条約が禁じる人種差別に該当すると認定した。この裁判は上告されたが，2014年12月9日の最高裁判所で高額の損害賠償と街宣活動の禁止を命じた判決が確定した(12)。

　2016年には，「本邦外出身者に対する不当な差別的言動の解消に向けた取組の推進に関する法律」（ヘイトスピーチ解消法）が成立した。しかし，この法律は罰則規定がなく，人種差別撤廃条約が求める基準を満たしていない。自治体レベルでは，2019年12月神奈川県川崎市でヘイトスピーチを禁止し，刑事罰を盛り込んだ条例が初めて成立した。以上のように，国際的な人権条約が各国の法制度を補う，あるいは中身を補填していくことで，人権保障が実施されることが期待されている。

2　グローバル化と市民権概念の変化

市民権とは何か

　市民権（citizenship）という言葉は，論者によって様々な意味で用いられる多義的な言葉である。しかし，一般的には市民権とは，国家の成員を意味する国籍を表す言葉である。また，国家の成員としての資格に結びついた一連の権利と義務をも意味する言葉であると考えられている。市民権研究の基礎を築き，この分野に重要な貢献を果たしたトマス・ハンフリー・マーシャル（1893-1981）は，その論文『市民権と社会階級』において，イギリスにおける歴史的考察に基づき，市民権を市民的要素，政治的要素，社会的要素の3つに類型化した。

　それによると，市民的要素は，「個人の自由のために必要とされる諸権利から成り立っている。すなわち，人身の自由，言論・思想・信条の自由，財産を所有し正当な契約を結ぶ権利，裁判に訴える権利」である。市民的権利には，働く権利を含む。政治的要素と

は、「政治的権威を認められた団体の成員として、あるいはそうした団体の成員を選挙する者として、政治権力の行使に参加する権利」のことを意味している。社会的要素とは、「経済的福祉と安全の最小限を請求する権利に始まって、社会的財産を完全に分かち合う権利や社会の標準的な水準に照らして文明市民としての生活を送る権利に至るまでの、広範囲の諸権利」のことを意味している。これと最も密接に結びついている制度は、教育システムと社会的サービスである[13]。これら3種類の権利のうち、まず18世紀に市民的権利が確立し、その後19世紀には政治的権利、20世紀に入って社会的権利が確立した。政治的権利と社会的権利は、時代的に重なりあいが見られる。

市民権概念の変容

　従来市民権は、固有の領土をもち主権を有する国民国家の構成員に付与されることを前提としてきた。しかし、20世紀後半、EU誕生によってEU市民が誕生する一方、国境を越える人の移動が活発化し、移住した先で定住する人びとが増えるにしたがって、従来の市民権概念では十分対応できないという認識が広まってきた。従来の市民権は、市民権をもつ国民と市民権をもたない外国人という二分法に基づく国民国家型市民権制度を前提としていたが、外国人のなかに定住する者が増えている今日、制度と現実の間に不整合が生じていて、従来の市民権概念に代わる新しい市民権論が議論されるようになってきた。そこで新たな市民権論についてどのような議論が展開されてきたのか、その特徴はどのようなものかを考察していく。

　超国家的地域の市民権を代表するのが，EU市民権であろう。1992年に調印され（当時12カ国），1993年に発効したマーストリヒト条約によって，EU加盟国国籍をもつ者はすべてEU市民権を有することになった。現在の加盟国は27カ国である。その主な内容は，①加盟国の領域内を自由に移動し居住する権利，②居住先加盟国の国民と同じ条件で地方議会選挙および欧州議会選挙の選挙権と被選挙権を有する（ただし，国政選挙権は有しない），③国籍を有する加盟国が第三国に代表を置いてない場合，他の加盟国によって外交的な保護を受ける権利，④欧州議会への請願権およびEUオンブズマンに不服を申し立てる権利などが定められている。このようにEU市民は，出身国の国籍を根拠に付与される権利に加えて，EU加盟国の領域内を自由に移動し，居住する権利をもち，居住国の地方議会選挙と欧州議会選挙の参政権を有することになった。逆に，主権国家は領域内における国民以外のEU市民に対して，一定の権利を付与することになったが，このような権利は，そのようなナショナルな市民権と区別され，ポストナショナルな市民権と呼ばれる[14]。他方，EU市民権は国家ではなくマーストリヒト条約という国際協定によって認められた権利であること，これに伴う義務が定められていないことなどから，その正統性について問題を抱えているという見方もある。

　新しい市民権論を生み出している大きな要因は，国境を越える人の移動の活発化とその結果として，ヨーロッパで増えたデニズン（denizen）への権利の保障であろう。デニズンという用語は，スウェーデンの政治学者トーマス・ハンマー（1926-）によって使われ始めたものであり，「合法的な永住者の資格を有する外国籍市民」

を意味する[15]。以下，デニズンが何故新しい市民権論を浮上させ
ているのかについて論じる。

　西欧諸国は第二次世界大戦後，経済復興のために，積極的に外国
人労働者を受け入れる政策を採用し，1950年代から60年代の高度経
済成長期にはとりわけ多くの外国人労働者を受け入れた。1973年に
勃発した第四次中東戦争に起因する第1次オイルショックによって
フランスや旧西ドイツが労働者の受け入れを停止したとき，外国人
労働者の全体数はいくらか減少したが，その後多くの外国人労働者
が家族を呼び寄せ社会に定着していった。アジアやアフリカの植民
地解放により独立した国々から，旧宗主国であるイギリスやフラン
ス，オランダ，ポルトガルへ移民が送り出された。また，冷戦の影
響で旧東ドイツ，ポーランド，チェコスロバキアなどの国々から西
ヨーロッパに移民が流れた。

　このような状況を受け，ハンマーは，国民と外国人という二分法
では説明できない新しい事実として，デニズンの概念を用いて一時
的な滞在者と区別される永住を認められた外国人の存在に注目した。
デニズンは，住所を有している国の国民ではないが，そこに永住す
る権利が認められている。すなわち，まず住所があり，完全な居住
権があることが基準となる。ある国にいる外国人の多くは，旅行者
や短期滞在者，外国人労働者であり，永住市民の資格を得ようとし
ていないし，実際そのような資格を持っていないのでデニズンでは
ない。一方，ヨーロッパでは1980年代に，長期滞在している外国人
労働者に対して，一定の条件をもとに合法的地位を与える正規化が
進められた結果，デニズンの数が増加した。デニズンには，就労や
居住に関する権利，地方選挙における参政権など多くの面で権利が

認められている。従来，国民にのみ認められてきた諸権利が，完全ではないが国籍に依らずに永住市民に保障されるようになったのである。

人権と市民権

　ここまで人権と市民権の概念とその展開について別々に論じてきた。人権と市民権は共に，人間の基本的諸権利を保障する概念であるが，双方の関係性については曖昧な部分が多いように思われる。そこで，ここでは人権と市民権概念の関連を理解するために，それぞれが依拠する根拠と具体的な保障のあり方について比較検討を加えてみたい。

　前述のように，市民権は国家の構成員としてもつ一連の権利と義務を表す言葉であり，国籍と密接に結びついている。すなわち，その根拠はある国の国民であることに基づくものとなる。それはほとんどの国家憲法の中で謳われるようになり，日本国民であれば，日本国憲法で規定されている諸々の権利を享受し，同時に義務を負うことになる。古典的な国民国家型の市民権概念では，これらの権利は排他的で，その国の国民のみが有する権利となる。イギリス社会を事例に後の研究に大きな影響を与えたマーシャルの市民権の発展図式が示すように，市民権は国家の成員に付与されることを前提としてきたのである。しかし，グローバル化の進展は，EU市民権やデニズンなど，これまでにない新たな市民権論を提起してきた。

　一方，人権は18世紀にアメリカのヴァージニア権利章典やアメリカ独立宣言，フランス人権宣言のなかで，すべての人間が，人間であるがためにもつ普遍的な権利として謳われた。第二次世界大戦で

ナチスのユダヤ人に対する人間の尊厳を踏みにじるような人権侵害の行為が明らかになることで，第二次世界大戦後，国際社会における人権擁護が本格的に始動することになった。戦後「ジェノサイド犯罪防止および処罰に関する条約」や世界人権宣言が採択され，これ以降も種々の国際人権条約が採択されることで，今日では国際条約を根拠に，人権を保障するための国内法が制定されるなど国際社会の人権に対する影響力が増している。さらに，人権条約の締約国に条約に基づく規定の実施状況について定期的に報告書を提出することを義務づけるなど，条約遵守を監視する仕組みも存在する（報告制度等）。

　以上，人権と市民権をキーワードにその発展過程を跡づけながら，両者の類似点と相違点について考察してきた。人権は，国際的な人権条約の採択を通じて発展してきたのに対し，市民権は時代の変化に伴って変容を余儀なくされてきた。具体的には EU 市民権やデニズンのような新しい市民権概念の登場が，市民権論に新たな議論を提起しているのである。今日，私たちは，一国の成員としては市民権を付与され，人間であるという理由で国際的な人権保障の対象となるという重層的な権利を享受している。しかし，このような重層的な権利を世界中のすべての人々が享受できているだろうか。そして，時代の要請に応じて国内外で進展してきた人権の枠組みは，今後どのように変化していくのだろうか。市民権と人権，国民国家と国際社会，それらが互いにどのような影響を及ぼして合って変貌していくのか注意深く見守っていきたい。

✦✦✦✦✦✦ **課題** ✦✦✦✦✦✦

1．ある国の抑圧的な指導者によって著しい人権侵害を受けている人々に対して，国際社会はどこまで，どのような方法で介入すべきか考えてみよう。

2．近年，グローバル化の進展に伴い，ある国の国民であることを根拠に付与される権利に加えて，EU市民やデニズンであることを根拠に他国に居住する権利や地方参政権が認められるようになった。このような権利と国籍に基づく権利（と義務）の関係について考えてみよう。

　註

（1）　高木八尺・末延三次・宮沢俊義編『人権宣言集』岩波書店，2009年。

（2）　サンフランシスコ会議は50カ国の代表が出席し，国連憲章と国際司法裁判所の役割を定めた文書が6月26日に採択された。1945年10月24日，常任理事国5カ国と署名国の過半数が国連憲章を批准し，国際連合が正式に発足した。

（3）　植木安弘『国際連合——その役割と機能』日本評論社，2018年，6-8頁。

（4）　国際連合広報局『国際連合の基礎知識』関西学院大学出版，2009年，351-353頁。

（5）　United Nations「Multilateral Treaties Deposited with the Secretary-General」https://treaties.un.org/Pages/Treaties.aspx?id=4&subid=A&clang=_en（2023年11月18日閲覧）。

（6）　阿部浩己・今井直・藤本敏明『テキストブック国際人権法』第3版，日本評論社，2009年，18-20頁。

（7）　滝澤三朗・山田満『難民を知るための基礎知識』明石書店，2017年，287-301頁。

（8）　田中宏『在日外国人——法の壁，心の壁』第3版，2013年，岩波新書，162-186頁。

（9）　山下素子・矢澤澄子監修，国際女性の地位協会編『男女平等はどこまで進んだか』岩波ジュニア新書，2018年，3-28頁。

（10）　中坂恵美子・横藤田誠『人権入門』第 4 版，2021年，法律文化社，39頁。

（11）　東澤靖『国際人権法講義』信山社，2022年，227-229頁。

（12）　申惠丰『国際人権入門——現場から考える』岩波新書，2020年，82-106頁。西山貴章「ヘイトスピーチは差別」（朝日新聞2014年12月11日朝刊，確定）。

（13）　Ｔ・Ｈ・マーシャル，トム・ボットモア著，岩崎信彦・中村健吾訳『シティズンシップと社会的階級』法律文化社，2001年，15-16頁。

（14）　鈴木規子『EU市民権と市民意識の動態』慶應義塾大学出版会，2007年。

（15）　トーマス・ハンマー著，近藤敦監訳『永住市民と国民国家』明石書店，1999年。

（小林宏美）

第4章
教育と平等を考える

　　世界人権宣言第26条には，すべての人は教育を受ける権利を有することが明記されている。教育は単に知識や技能の習得だけではなく，その知識を使って実際の生活を営んでいく力，すなわち社会に参加し，自律した人生を歩んでいくための機会を提供してくれる。しかし，ユネスコによると2016年現在，世界には読み書きのできない大人が約7億5000万人いる[(1)]。本章では，アメリカ合衆国の黒人たちが「平等」と「公正」を獲得するために繰り広げた公民権運動を取り上げ，教育における平等とは何かについて考える。さらに，アメリカと日本における多文化教育の実践例にも触れることで理解を深める手がかりとしたい。

1　教育における平等

「偉大な社会」政策と補償教育プログラム

　教育を受ける権利は，世界人権宣言をはじめとする人権文書や多くの国の憲法において謳われている。しかし，アメリカでは20世紀半ばまで，南部諸州において黒人に対する差別と隔離が制度化され，黒人は教育を含む基本的権利を奪われていた。公教育において人種別学が制度化され，黒人の児童生徒は黒人だけの学校に通学することが義務づけられていた。このような人種差別に対して1954年，合衆国最高裁判所で，公教育における人種別学は憲法に違反するとの歴史的なブラウン判決が言い渡された。1950年代〜60年代には，差別撤廃を目指す公民権運動が高まり，1964年7月人種差別を撤廃する公民権法が成立した。

　1964年1月の年頭教書で，リンドン・ジョンソン大統領は「貧困との闘い」を宣言し，アメリカ政府が国内の貧困追放に取り組むことを約束した。1965年には「偉大な社会」と名づけた社会改革を実施し，教育分野，高齢者医療，貧困対策などの社会福祉施策を大幅に拡充させた。そして，教育分野の貧困対策として新たに打ち出されたのが補償教育（Compensatory Education）プログラムであった。補償教育とは，一般に社会経済的に恵まれない家庭の子どもの学業不振を解消するために，特別な教育支援を提供することにより彼らの文化的，社会的ハンディキャップを補償していこうというものである。補償教育プログラムを推し進める原動力となったのが，1964年の「経済機会法（Economic Opportunity Act）」と1965年の「初等

中等教育法（Elementary and Secondary Education Act of 1965）」であった。これらは低所得世帯の児童に対して教育の平等を実現するために，連邦政府の補助金を地方学区に支出する政策である。経済機会法の一環として，貧困家庭の子どもを就学前の段階から支援するヘッド・スタート計画が開始された。もう一つの柱である1965年初等中等教育法は，貧困層の集中する地方学区に連邦補助金を配分するもので，当該学区の教育プログラムの充実が期待されていた。元来，アメリカでは公教育は州政府の管掌事項であったが，「偉大な社会」という社会改革の下，初めて連邦政府の補助金が公教育に投入されることになった。

コールマン報告

　このような補償教育プログラムは，特定の人種民族を想定したものではなかったが，結果として低所得層の多い黒人やマイノリティ集団が対象となった。失業や貧困，家庭崩壊といった深刻な問題を抱えることの多い黒人家庭の子どもたちは，白人の子どもたちと比べて学力格差が目立ったからである。しかし，黒人の子どもの学力が低い原因は，人種別学によって平等な教育機会を奪われているからであるという常識的な考え方に一石を投じたのが，1966年に発表されたコールマン報告であった[2]。

　コールマン報告は，アメリカ全土のすべての段階の公立教育機関で実施された調査を基に，社会学者ジェームズ・コールマン（1926-1995）らがまとめたものである。この調査報告によって，黒人児童の学業成績が白人児童よりも顕著に遅れていること，大半の子どもは白人だけ，あるいは黒人だけの学校に通っている事実が確

認された。しかし，より注目すべきこととして，白人の学校と黒人の学校は様々な特性について驚くほど平等であり，学校の施設設備が生徒の学業成績に与える影響はごくわずかであるという意外な分析結果が示されたのである[3]。すなわち，実際に黒人の児童の学力を左右しているのは，学校の施設の良し悪しよりも，親の社会的地位や家庭環境，学校の同級生からの影響であるという。コールマン報告は，政治的，学問的に論争を呼んだ。J・カラベルと A・H・ハルゼーらは，コールマン報告の社会的意義を，学校の目に見える表面的な部分だけに関心を払ってはいけないこと，教育における「機会の平等」と「結果の平等」を明確に区別するようになったことだと論じている。いずれにしてもコールマン報告は低所得層の集中する学区に，連邦政府の補助金を投入するだけでは，貧困家庭の子どもの学業達成は難しいということを多くの人に知らしめることになった。

2　マイノリティ集団に対する教育保障

言語的マイノリティと二言語教育プログラム

　ジョンソン大統領による「偉大な社会」政策の一環である1965年初等中等教育法は，1968年に改正され初等中等教育法タイトルⅦが制定された。タイトルⅦは「二言語教育法（Bilingual Education Act）」と呼ばれ，言語的マイノリティの児童生徒に対する二言語教育プログラムのための教員や補助教員の訓練，教材の開発と普及，保護者が同プログラムに積極的に関与していくことを奨励し，そのために必要な財政的援助を連邦政府が保障することを定めたもので

あった。同法の下で，1969年には，750万ドルだった連邦予算は，1974年までには4500万ドルまで増額された[4]。

二言語教育プログラムは，言語的マイノリティの子どもたちに英語と母語で教育を行うことにより，子どもたちの教育機会を保障しようと企図したものであった。しかし，このプログラムが最終的に英語の不十分な子どもたちの英語獲得を目指したものなのか，あるいは子どもたちの言語文化的資源を発達させるものなのかなど，その目標とするところに曖昧さを残したままだった。また，学校が補助金を受けるための要件として，教育活動に英語以外の言語を取り入れることを必ずしも強制していなかったことなどから，当初二言語教育プログラムの影響力は限定的なものであった。

連邦政府が二言語教育プログラムに対して，より積極的に関与する契機となったのが，ラゥ対ニコルス判決（Lau v. Nichols）であった。サンフランシスコの公立学校に通う中国系の生徒が，英語能力が乏しい生徒に補習授業を行わないのは，合衆国憲法修正第14条および公民権法第6編に違反するとして裁判に訴えたのである。1974年，連邦最高裁判所は当学区が公民権法第6編に違反しているとして原告の訴えを認めた。この判決を受けて連邦政府は，各学区が守るべきガイドラインを提示した。そのなかで，生徒が英語のみの授業についていけるまでは生徒の母語によって指導を行い，英語に熟達した段階で通常の英語のクラスに編入させる移行型二言語教育（Transitional Bilingual Education, TBE）の導入を推進した。

1980年代に入ると，二言語教育プログラムの有効性に対して世論が厳しくなり，ロナルド・レーガン大統領ら政府指導者の間からも，二言語教育プログラムの効果を疑問視する発言がなされ，同プログ

ラムに投入されていた補助金が削減された。

　一方，カリフォルニア州では移民の増加に伴い，公立学校在籍児童生徒のうち，英語を母語としない子どもが増え，「英語能力が不十分な児童生徒（English Learners, EL 生徒）」が増加していた。EL児童生徒の約 8 割はスペイン語を母語としているため，提供される二言語教育プログラムの多くは，スペイン語と英語を教授言語としている。

　1990年代，アメリカ社会の保守化傾向が進むなか，カリフォルニア州では二言語教育プログラム効果論争が過熱し，二言語教育プログラムの存続が政治問題化した。そして，1998年 6 月 2 日，カリフォルニア州における二言語教育プログラムを実質的に廃止する住民提案227が可決された。同様の住民提案はその後，2000年にアリゾナ州，2002年にマサチューセッツ州においても可決された。住民提案227可決の結果，EL 生徒に対して行われてきた二言語教育の替わりに，「構造化されたイングリッシュ・イマージョン（Structured English Immersion）」プログラムが導入された。イングリッシュ・イマージョンでは，生徒の英語能力レベルに対応したカリキュラムと指導法が採用され，原則として指導は英語で行われた。結果として，生徒の母語の使用は極力控えられることになった。

　アメリカでは1990年代以降，教育の結果を重視する風潮が高まり，2002年ブッシュ政権下で，1965年初等中等教育法が全面的に改正され，「落ちこぼれをつくらないための教育法（No Child Left Behind Act, NCLB 法）」が成立した。英語が不十分な子どもや移民児童に関わる政策については，新たにタイトルⅢが規定され，各教育機関には補助金の配分を受ける要件として，児童生徒の英語力および主

要科目の学力向上についてのアカウンタビリティ（説明責任）が求められるようになった。学力の評価方法は，州の標準テストの結果や年間の到達目標達成度が基準とされた。しかし，NCLB 法については，画一的な試験と評価方法への批判もあり，オバマ政権下でNCLB 法の改革が進められた。

文化的マイノリティと教育——多文化教育

　アメリカでは，歴史的に学校が移民の「アメリカ化」，すなわちアメリカ社会への同化の機関としての機能を担っていた。そして，移民の子どもたちに共通語としての英語とアングロ・サクソン的価値を身につけさせることが教育の役割として位置づけられてきた。しかし，1960年代に進展した公民権運動と少数者集団の文化覚醒運動は，1980年代の教育の場における「エスニック・スタディーズ」プログラムの開設を促し，さらに黒人知識層による従来のカリキュラムに対する批判を受けて教育改革が促進された。これが民族的文化的差異の尊重を重視した「多文化教育（Multicultural Education）」を学校教育に導入する契機となったのである。

　多文化教育研究の第一人者であるジェームズ・バンクス（1941-）は，多文化教育について「多文化教育そのものは西洋の産物である。人間の尊厳，平等，自由のための西洋的理想によって導かれた運動の中から発展したのである。多文化教育は住宅，公共施設，その他の分野における差別を除去するために，アフリカ系アメリカ人が推進した公民権運動から生まれたと」述べている[5]。また『多文化教育事典』によると，多文化教育とは「哲学的概念であり教育的プロセスである。それは，アメリカ合衆国憲法および独立宣言に示され

65

ている自由，正義，公正，人間の尊厳という哲学的理念の上に構築
される概念である。多文化教育は，平等（equality）と公正
（equity）を峻別する。すなわち，平等なアクセスは必ずしも公平
（fairness）を保障するとは限らないからである。多文化教育とは，
学校やその他の教育的諸制度において生起するプロセスであり，す
べての教科およびその他のカリキュラムの諸側面を特徴づけるもの
である」という[6]。両者の定義に共通する点は，多文化教育がアメ
リカ独立宣言や合衆国憲法で保障されている自由や平等，人間の尊
厳という西洋の伝統や価値観から生まれたということである。

　多文化教育が実践される場合のアプローチとして，C・グラント
とC・スリーターによる以下の5つのアプローチが有名である[7]。

①（主流とは）異なる文化的背景を持つ者に対する教育
②人間関係
③単一集団研究
④多文化教育
⑤多文化的で社会構築主義的な教育

　それぞれのアプローチの概念や目的は，互いに重なり合う部分が
ある。まず，「①（主流とは）異なる文化的背景を持つ者に対する
教育」の目的は，生徒に主流の社会に適応するための価値観と，学
力的な基礎を身につけさせることにある。例えば，英語能力が十分
ではない生徒に対して，イマージョン・プログラムが実施されるこ
とである。「②人間関係」の目的は，現存の社会構造内部における
調和，寛容，受容を促進することである。カリキュラムでは，異文

化間コミュニケーション，生徒同士の共同学習を推し進める授業が
奨励される。「③単一集団研究」の目的は，学習者が属する集団
（例えば，日系アメリカ人や女性）の歴史や文化についての知識の習
得，その集団のエンパワーメント，社会的地位向上，社会における
集団間の平等の実現，文化的差異に対応するような授業の実施であ
る。「④多文化教育」の目的は，社会的平等と文化的多元主義にあ
る。カリキュラムは，生徒の持つ文化，言語，学習スタイルに文化
的に相応しなくてはならない。教科として数学や理科，社会科など
の学問を教えるが，そこで獲得される知識は，消費者としてのみな
らずリーダーとして役に立つものでなくてはならない。数学や技術
科の教員が女性，家庭科の教員が男性であるというように，多様性
に富み，伝統に縛られないことが重要である。「⑤多文化的で社会
構築主義的な教育」で強調されるのは，学校教育のあらゆる領域
（例えば，教職員構成，カリキュラム，授業，評価，カウンセリング）
が多文化的であることである。カリキュラム編成においても多元的
な視点および人物，階級，ジェンダー，障がい，性的指向性に関す
る社会問題を考慮に入れなければならない。

　以上のように，一口に多文化教育といっても，その目標やカリキ
ュラム，特徴，実践形態は様々である。とりわけアメリカの場合，
合衆国憲法により教育は州が管轄するとされているため，州によっ
て，さらには地方学区によって，多文化教育のアプローチや実践形
態も様々である。次項では，多文化教育の具体例を取り上げて，そ
の現状と課題について考察していく。

多文化教育の事例

　多文化教育の事例として，アメリカ・ルイジアナ州において，イマージョン・プログラムで成果を上げている South Boulevard Foreign Language Academic Immersion Magnet Elementary（以下，South Boulevard 校）を取り上げる[8]。South Boulevard 校は，スペイン語あるいはフランス語を第二言語として学ぶことができるマグネットスクールである。マグネットスクールとは，語学や数学，文学など特定の分野の能力を向上させることを目的とした学校で，高い学業達成，少人数学級など特色ある教育を提供している。同校は，アメリカ・マグネットスクール協会（the Magnet Schools of America）から，2010年に優秀校として表彰された実績がある。

　South Boulevard 校には2010年10月時点で，全校生徒293名（女子57％，男子43％）が在籍していた。人種民族の内訳は，黒人185名（63％），白人78名（27％），ヒスパニック系22名（8％），アジア系8名（3％）である。給食費の公的支援を受けている児童が170名（58％）おり，決して恵まれた家庭の子どもばかりが通っているわけではない。英語能力が不十分と認定されたのは，全児童の3％である。South Boulevard 校は州内外から優秀校として注目を浴びており，その理由は人種統合と学業達成の両方の面において高い成果をあげているからである。同校のイマージョン・プログラムは，国語（英語）とスペイン語もしくはフランス語を使用したプログラムである。スペイン語とフランス語は多くの児童にとって外国語にあたる。ある教師によると，児童は幼稚園もしくは1年生の段階で，スペイン語かフランス語のどちらかを選択し，5年生まで算数，社会などの教科を世界中から採用された教師によって指導を受けると

図4.1 South Boulevard 校内の各国の文化を紹介する
展示コーナー
（出所）筆者撮影。

いう。1日の学習の最低60％はスペイン語かフランス語で学習し，
残りは英語の教師が受け持つ。また，ホームルームはスペイン語か
フランス語で行われる。図4.1は，South Boulevard 校内で児童に
関わりのある国々の文化を紹介する展示コーナーで紹介されている
ベネズエラの写真や民芸品などである。ベネズエラの公用語である
スペイン語表記の掲示物が，自然と子どもたちの目に触れるように
並べられている。

　アメリカでは，1954年のブラウン判決（前述）が出された後も，
学校における人種統合の課題は残されたままで，それは都市部にお
いて顕著であった。ニューオーリンズ市のダウンタウンに位置し，
様々な人種民族的背景をもつ児童が在籍する South Boulevard 校が
成果をあげられているのはなぜなのか，教育関係者から注目が集ま
った。

　South Boulevard 校に関する研究結果によると，成果を上げている要因には特有の学校文化があると指摘されている[9]。まず挙げられる要因として，一つには教育に高い期待を寄せる学校コミュニティの雰囲気がある。①イマージョン・プログラムにおける教師の児童に対する高い期待があり，外国語教師の熱意やモチベーションが高い。②児童の親たちが自分の子どもに高い期待を寄せており，バイリンガリズムが子どもの将来の職業機会を広げてくれるという希望を抱いている。③主な第二言語としてのスペイン語やフランス語はどの児童にとっても馴染みのないものなので，児童の間の言語的文化的差異がもたらす影響が相殺されるという。もう一つの要因として，この学校のもつ多様性が挙げられる。①児童は様々な人種，宗教，家庭などの社会経済的地位を背景としている。②教師の出身が南米やヨーロッパなど様々で，特定の言語や文化，人種が特権的な地位を与えられることはなく，言語的文化的多様性が当たり前の状態となっている。③同校のイマージョン・プログラムは児童が本来備えている人種的，言語的，家庭的要素と関係性がないため，児童の間に肯定的で平等な社会関係を生み出している，という。

　以上のように，South Boulevard 校の成功の裏には，児童の人種的，言語的，家庭的背景の多様性を資源として捉え，それを尊重し，すべての児童の可能性を信じる学校コミュニティの文化があるといえよう。

3　多文化教育の現状と今後の展望

日本における多文化教育——選択教科「国際」の試み

　日本の多文化教育の事例として，筆者が関わった神奈川県のＡ中
学校の多文化教育の試みを紹介したい[(10)]。Ａ中学校は神奈川県大
和市に位置し，近くに約2200世帯が居住する大規模な県営団地があ
る。近隣には1998年までインドシナ難民定住受け入れ拠点の「大和
市定住促進センター」があったため，この団地にはベトナム，カン
ボジア，ラオスなどのインドシナ系住民が多く，中国やペルーなど
も含めて10カ国以上の外国人世帯が住民の２割以上を占める。この
ような地域性を反映して，Ａ中学校生徒の１割以上が外国籍生徒で
あった。

　Ａ中学校では2000年度から選択教科「国際」の授業で，外国籍生
徒のためのカリキュラムを設定し，かれらの母国の歴史や地理を教
える教育を実践した。本授業開講の理由は，学校内に外国籍生徒が
抱えるいじめや不登校の問題があったこと，外国籍生徒の登校を促
し居場所を作ること，生徒の文化的背景への肯定的なアイデンティ
ティ確立に寄与することなどであった。外国籍生徒を中心に据えた
教育課程は，同化主義的な日本の学校における多文化教育の可能性
を模索する試みともいえる。この授業実践は，先述のＣ・グラント
とＣ・スリーターの類型の「人間関係」「単一集団研究」「多文化教
育」のそれぞれのアプローチの要素を併せ持つものであった。

　授業は１年目は隔週，２年目以降は毎週実施され，年間15～20回
行われた。１年目はインドシナ３国（ベトナム，カンボジア，ラオ

ス）の難民の子どもたちが参加し，2年目から南米（ペルー，ブラジル，アルゼンチン出身日系人）と中国（中国残留孤児帰国者）の生徒が加わった。授業はその時々に応じて，生徒全員で勉強する全体学習と，3つの地域別，国別，および地域混合のグループ別に分かれて行われた。

　1年目の1学期から2学期の文化祭までは，インドシナ難民の家族の来日経緯や母国に関する基本的知識の確認を導入的に行った。例えば，地理的知識を教える際には，単に地図を前にして都市の名前や地形などを教えるのではなく，生徒自身に親への聞き取りをさせることで，親の出身地，移動経路，滞在していた難民キャンプの場所を生徒に確かめさせた。この作業の成果を2学期の文化祭で発表することにした。文化祭が終わってから3学期までは，母国の成立の歴史，植民地支配，独立，インドシナ戦争，かれらの家族が母国を出国するまでの経緯などの歴史的視点が取り入れられた。2年目は，生徒の出身国・地域について，生徒同士が学び合う協同学習が取り入れられた。

　3年目には，3年の男子生徒Bと2年の男子生徒Cとの間に起きたいじめの問題を課題として取り上げた。Bは小学校高学年で中国から来日し，日本語を流暢に話し，中国語を読んだり話したりすることができた。原学級や「国際」の授業でも，皆を笑わせたりする明るい生徒だったが，事件後に書いた作文では孤独感を抱えていたことを吐露した。これを機に，いじめ問題について外国籍生徒全員で考えるべき問題という認識に立ち，「国際」の授業でも討議の場が設定された。このときの討論・感想文では，生徒達から同様の経験をしたという共感が多く寄せられた。

多文化教育の可能性と課題

「国際」の授業の試みは，外国籍生徒に自身のルーツや母国について考えさせる機会を，あるいは同化主義的カリキュラムに対抗するオルタナティブを提起したといえる。学校の教員だけでなく学校外からも様々な立場のボランティア・スタッフが，その経験や専門を生かし授業を行うという体制をとったことも画期的な試みであった。開始当初，この授業に参加させられることに，意味を見いだせない，必要性を感じないと考えていた生徒から不満も聞かれた。さらに教えられている内容が理解できないという生徒もいた。様々な工夫をしながら実践を積み重ねた結果，学年末には，生徒から「親と話してみたい」「母国のことについてもっと知りたい」という感想が聞かれるようになった。総じて本授業は，その目標である肯定的なアイデンティティ形成，居場所作りに寄与したと考えられる。反面，外国籍生徒のみを対象にし，日本人生徒が参加しない授業では，多文化教育が重視する多様な背景をもつ生徒間のよりよい関係作りが形成しづらいという限界も示された。

教育の共生に向けて

第 1 節で見てきたように，人種隔離政策によって，社会構造的に平等な機会から排除されてきたアメリカの黒人たちは，差別の撤廃と公正・平等な処遇を求めて公民権運動を起こした。運動が前進する端緒となったのが1954年のブラウン判決であり，これを境に運動は盛り上がりを見せていく。この運動は，公民権法へと結実し，様々な社会保障政策が実現し，教育の分野でも補償教育プログラムが実施されることとなった。

　第2節では，公民権運動後のアメリカにおけるマイノリティ集団の教育の状況を取り上げた。人種言語的マイノリティの子どもたちの学業，アイデンティティに資する教育として期待され登場したのが，二言語教育と多文化教育であった。公教育の枠組みの中で提供されてきた二言語教育と多文化教育は，その時々の政治的動向，社会経済的要因，教育政策の影響を受け，変更を余儀なくされてきた。多文化社会アメリカにおける公教育は今後もダイナミックに変化していくことが予想される。

　第3節では，日本における多文化教育の実践例について述べた。近年，国内において多文化教育の実践や知見は蓄積されつつあるが，今後も異なる背景をもつ子どもたちの増加を見据え，共生に向けた取り組みを進めていくことが大切だと考える。

◆◆◆◆◆◆ 課題 ◆◆◆◆◆◆

1．アメリカ合衆国における公民権運動は，その後の社会にどのような変化をもたらしたのかを説明してみよう。
2．多文化教育を成功させる要因について考えてみよう。

註

（1）　UNESCO（Fact Sheet No. 45）（2017年9月）「Literacy Rates Continue to Rise from One Generation to the Next」https://uis.unesco.org/sites/default/files/documents/fs45-literacy-rates-continue-rise-generation-to-next-en-2017_0.pdf（2023年11月18日閲覧）。
（2）　J・カラベル，A・H・ハルゼー編，潮木守一・天野郁夫・藤田英典編訳『教育と社会変動』上巻，東京大学出版会，1983年，24-27頁。
（3）　カラベル，ハルゼー編，同前書。

（4）　Crawford, James, *At War with Diversity: US Language Policy in an Age of Anxiety*, Multilingual Matters Ltd., 2001, pp. 86-91.

（5）　ジェームズ・A・バンクス著，平沢安政訳『入門多文化教育——新しい時代の学校づくり』明石書店，1999年，12-13頁。

（6）　カール・A・グラント，グロリア・ラドソン＝ビリング編著，中島智子・太田晴雄・倉石一郎監訳『多文化教育事典』明石書店，2002年。

（7）　グラント，ラドソン＝ビリング編著，同前書，235-241頁。

（8）　筆者は2011年2月当該校を訪問見学した。

（9）　Heather Kathleen Olson Beal, *Speaking the Language of Integration: A Case Study of South Boulevard Foreign Language Academic Immersion Magnet*, A Dissertation Submitted to the Graduate Faculty of the Louisiana State University, 2008（ウェブサイト Google Scholar より参照），https://digitalcommons. lsu. edu/gradschool_dissertations/3169/.（2023年11月18日閲覧）。

（10）　この活動に筆者はボランティア・スタッフとして参加した。坪谷欧子・小林宏美・五十嵐素子「ニューカマー外国籍生徒に対する多文化教育の可能性と課題——神奈川県S中学校の選択教科『国際』における取り組みから」『〈教育と社会〉研究』第14号，2004年，54-61頁。

（小林宏美）

第5章
貧困と向き合う

　　1人の子ども，1人の教師，1冊の本，そして1本のペン，それ
　で世界を変えられます。
　　　——ノーベル平和賞受賞者マララ・ユスフザイさんの国連演説
　　世界には，貧困のために空腹のまま眠りについている人々が8億
　2800万人[(1)]。初等教育を受けられない子どもたちは5700万人。多く
　の少女たちは10代前半で望まない結婚をさせられている。
　　しかし，今や貧困は開発途上国に限ったことではなく，日本でも，
　医療を受けられない子どもたち，友達と遊べず，孤立し，学校に通
　えなくなる子どもたちもいる。本章では，世界と日本の貧困を概観
　し，権利ベース・アプローチによる貧困問題の解決について考える。

1　貧困とは

絶対的貧困と相対的貧困

　"貧困"は国・地域，機関によってさまざまな定義があるが，大きく分けて「絶対的貧困」と「相対的貧困」の2つの概念がある。「絶対的貧困（Absolute Poverty）」が，衣食住などの生きる上で必要最低限の生活水準が満たされていない状況のことであるのに対し，相対的貧困とは，人がある社会のなかで生活する際に，その社会のほとんどの人々が享受している「普通」の習慣や行為を行うことができないことを指す。

　絶対的貧困は，一般的には世界銀行が定める「一日に2.15ドル未満の生活」を送る人として定義されている[2]。この2.15ドル（2023年11月29日現在316.29円）を，国際貧困ライン（最低限の生活を送るのに必要な1日あたりの所得）と呼び，その時々の物価レベルに基づいて金額が設定されてきた。貧困者数は，年々減少していたのだが，2000年以降の新型コロナウイルス感染症の拡大と2022年のロシアによるウクライナ侵攻以降，貧困者が増え，2022年の推計では，世界で6億7400万人が貧困状態にある。つまり，世界人口の8.9％（約12人に1人）が絶対的貧困層に該当する[3]。

　これに対して「相対的貧困」は，ある国・地域の中で平均的な生活レベル（獲得収入）よりも著しく低い状態であり，OECD（経済協力開発機構）が用いる相対的貧困率は「手取りの世帯所得（収入－税および社会保険料＋年金等の社会保障給付）」を世帯人数で調整し，中央値（注：平均値ではない）の半分に満たない状態を貧困として

計算する。

開発途上国の農村の貧困

　世界の貧しい人々の多くが農村で暮らしており，国によっては農村の貧困者数が都会で暮らす貧困者の2倍に達している。ロバート・チェンバース（1932-）は，農村における貧困状況にある人々は，5つの不利な状態におかれ，それぞれが幾重にも重なり，簡単には逃れられない窮乏化の罠に陥るとしている。その5つの状態とは，（1）物質的貧困，（2）身体的弱さ，（3）不測の事態に対する脆弱さ，（4）政治力や交渉力のなさ，（5）孤立化，である[4]。

　例えば財産を持たない貧しい人は，大病や葬式など不意に物入りになったときに「脆弱」であり，蓄えがないために高利貸しから借金をせざるをえない。その結果，払わねばならない利息の金額はたちまちに増え，大きな借金を抱えることになる。また貧しい人々は，社会で低い立場に見られ，発言力がなく，「交渉する力が弱い」。物質的貧困状態にある人は，多くの場合，村の中心に住むことができず，子どもを学校に通わせるための制服や文房具，ラジオ，自転車やバイク等を購入できないために重要な情報にアクセスができず，「孤立化」する。そして，困ったときに頼ることのできる人的ネットワークにもアクセスできず，貧困の罠から抜け出すことが困難になる。

　しかし，この「孤立化」の問題は，開発途上国の農村に限られたことではない。人的ネットワークから切り離され，孤立する「社会的排除」という状況は，先進国でもさまざまな人々が直面しており，もう一つの貧困のとらえ方として注目すべきである。

社会的排除（Social Exclusion）

　近年，グローバリゼーションの中で社会問題は，従来の「貧困」や失業，差別といった伝統的な用語では把握できないと考えられるようになった。つまり，かつての用語が特定集団を表していたのに対して，現代の貧困者や失業者などは特定階層にのみ関わるものではないという考え方である。その結果，資源の不足という貧困に代わる用語として，社会との関係が不十分で社会への参加が阻止されている状態を示す「社会的排除」という用語が使われるようになった。日本でも使われるようになったこの「社会的排除」という概念はいくつかの点で非常に有益である[5]。

　第1に，社会的排除が常に「社会」との関係で用いられ，社会の中の個人を問うと同時に，その社会そのものを問う概念だからである。第2に，この言葉を使うことによって，誰がどのように排除しているのか，あるいはどのように排除が連鎖するのかを問うことが可能となる。

　そして，第3に取り残された人々の社会参加やネットワークへの回復を，個人ではなく社会側の責任として取り組む視点を与えてくれる。それが，社会的排除の対語である「社会的包摂（Social Inclusion）」という概念である。

2　世界の貧困

持続可能な開発目標（SDGs）

　持続可能な開発を進めることにより，あらゆる貧困をなくすことを目標に，2015年9月，国連で持続可能な開発目標（SDGs）が採

択された。これは，17の目標と169のターゲットで成り立っており，
「誰一人取り残さない」世界の実現を目指している。

　SDGs は，先進国にも存在する，貧困をはじめとして人権や環境
破壊などの課題を共に問題解決をしていこうというものである。

　前述のように世界の貧困者数は，６億7400万人であり，現在も，
日本の人口の６倍にあたる人が１日にわずか300円足らずの所得で
暮らしている。

　ユニセフと WHO の共同報告書によると，世界人口の約４人に
１人にあたる20億人が安全な水を自宅で入手できず，世界人口の半
分にあたる40億人が安全で衛生的なトイレを使うことができない。
この傾向が続けば，2030年になっても，19億人もの人が家庭で基本
的な手洗いができる設備がないままであり，28億人もの人びとが衛
生的で安全なトイレを使用できないことが予想されている[(6)]。

貧富の格差

　今日，先進国と途上国の間で，またそれぞれの国の中で，先進国
と途上国の区別なく，前例のないほど格差が拡大している。富裕層
と貧困層との格差のみならず，農村やスラムに暮らす人々と比較的
裕福な都市住民との格差，地域間，性別などに見られる格差を解消
するための取り組みはますます重要になっている。

　先進国では，ほとんどの出産に熟練医療従事者が立ち会っている
のに対し，開発途上国では，出産時にこのようなケアを受けられる
女性が全体の半分にも満たない国々がある。

　これらの要因として，貧困および貧困による教育の欠如の問題が
深く関わっている。

　国際 NGO オックスファムは，毎年1月に開催される世界経済フォーラムに合わせて，世界の経済格差に関する報告書を発表している。2023年に発表された報告書「最富裕層のサバイバル（Survival of Richest）」によると世界上位1％の富裕層が過去2年間で新たに獲得した資産は，残る99％が獲得した資産のほぼ2倍に上る[7]。

　同報告書によると，上位1％の富裕層の資産は過去2年の間に26兆ドル（約3312兆円）増えたのに対し，残る99％の人の資産は16兆ドルの増加にとどまった。コロナ禍で超富裕層の富の蓄積は加速している。過去10年でみると，新たに創出された富のうち超富裕層が手にした額は約半分にとどまるが，ここ数年で見ると3分の2に増えていた。

　オックスファムは，報告書「99％のための経済」で，世界の貧富の格差は年々広がっており，世界で最も裕福な8人が世界の貧しい人々の半分の36億人に匹敵する資産を所有しているとしている。オックスファムは，同報告書で，大企業や豊かな人々が最大限の利益を求めるためにタックスヘイブンを利用し，各国の政策にも影響力を及ぼしていることが問題であるとした。そして，99％のためのヒューマンエコノミーを構築する必要があると論じ，ヒューマンエコノミーとは，雇用の安定と適切な賃金，男女平等を達成し，地球上の資源が限りあることを考慮し，すべての子どもが可能性を十分に発揮できる経済社会のことであるとしている[8]。

貧困による子どもたちへの影響

　1989年に「子どもの権利条約」が国連で採択されてから，30年以上たった。この条約は世界196カ国が批准し，最も多くの国の政府

がコミットしている条約である。しかし，世界中の子どもたちはこの条約に謳われている権利を享受できていない。ユニセフによると，2020年に推定500万人の子どもが5歳未満で命を失ったが，そのほとんどが肺炎や下痢など予防と治療が可能な原因によるものであった。亡くなった子どもの多くは，最も貧しい国や地域，そして社会の中でも最も不利な立場にある子どもたちの間に集中していた。ところが，肺炎や下痢の治療費は決して高くなく，治療効果も高いのである[9]。

　ユニセフによると，学校に通っていない子どもたち（6〜17歳）は，世界で2億4400万人にも上る。世界では初等教育就学年齢にあたる子どものうち，小学校に通うことができない子どもは約6700万人，中等教育就学年齢にあたる子どものうち，中学校に通うことができない子どもは5700万人に上る。学校に通うことができない子どもは約1億1200万人，5歳から17歳までの年齢で学校に通えていない子どもは3億300万人に上る。また，世界では10人に1人にあたる1億6000万人の子どもが児童労働に従事しており，危険な労働や経済的搾取から保護される権利，学習や遊びの権利が侵害されている[10]。

　そして，世界では女性の21％が18歳未満の子どものときに結婚しており，毎年1200万人の子どもが結婚している。早すぎる結婚（児童婚）を強いられている少女の多くが貧困家庭の出身だが，児童婚は女子の様々な権利を侵害している[11]。

女子の権利と貧困

　子どもの権利条約には，子どもが教育を受ける権利，健康に生き

る権利，暴力から守られる権利，性的搾取・性的虐待から守られる権利，経済的搾取から守られる権利，人身売買から守られる権利などが謳われている。

　しかし，貧困のために10代で早すぎる結婚を強いられる少女たちは，これらのほとんどの権利を侵害されている。10代で結婚する少女たちは学校をやめなければならず，多くの場合，身体が十分発達するのを待たずに同意もなしに性行為を強要され，早すぎる妊娠をし，リスクの高い出産に直面する。産道が狭いため危険なお産によりフィスチュラ（産科ろうこう）などの後遺症に苦しむことになったり，赤ちゃんが死産となったり，お産で命を落とすこともある。毎年思春期の女子の推定2万2000人以上が，妊娠・出産の合併症によって亡くなっている[12]。

　多くの場合，十分な教育を受けられないまま，非常に年の離れた夫と結婚するために家庭内で発言権を得られず，家事の一切を引き受けなければならない。夫から身体的・精神的暴力を受けることも多く，ひどい場合は無理やり売春をさせられるときもある。

　児童婚をさせる親は，娘が生産的な仕事につけるように教育を受けさせるという考えより，娘が男性と性的関係を持つ前に一刻も早く結婚させねばならないという伝統的価値観に囚われているのである。

　女子の権利が侵害され意思決定過程に参加できないために，女性が差別され貧困に陥るというこのような悪循環を断ち切るためには，ジェンダー平等教育と啓発活動が必要である。すなわち貧困家庭に生まれた少女たちが教育を受けられるように社会全体が女子の男子と平等の権利を認め，女子への差別をやめ，女子に児童労働や早す

ぎる結婚をさせずに教育を受けられるようにすれば，生産性の高い仕事に就くことができ，女子・女性は自尊感情が高まり，家庭内で発言・決定できるようになる。そうなると自分の娘を学校に通わせるようになり，その娘はいい仕事に就くことができ，社会全体の女子に対する価値観が高まるという好循環が生まれる。

3　日本の貧困

子どもの貧困

　OECD の基準に基づく日本の子どもの貧困率は14.0％であり，実に 7 人に 1 人の割合である。これは，国際的にみて高いレベルにある[13]。OECD のデータベースによると，データがある OECD 加盟33カ国の子どもの貧困率の平均値が12.9％であるのに対して，日本の子どもの貧困率14.0％は，33カ国中 8 番目の高さである（26位）。日本の子どもの貧困率は，約 4 ％となっているフィンランドやデンマークに比べるとはるかに高いのである[14]。

　2008年，NHK の「クローズアップ現代」などで，貧困のために骨折しても病院に行けない子どもや，朝食を食べられず，学校の先生に牛乳を飲ませてもらっている子どもの姿が報道され，社会に衝撃を与えた。2011年には，1985年から2009年までの過去にさかのぼる貧困率の推移が発表されたが，それによると子どもの貧困率の上昇はすでにその20年以上も前から続いていることがわかる[15]。貧困や格差についてまったく議論されず，日本社会は平等だと信じられていたころから子どもの貧困は存在しており，決して「新しい」社会問題ではなかったのである。

ひとり親世帯の子ども

　日本における子どもの貧困の中でも，ひとり親世帯に育つ子どもの貧困率は2018年現在，48.3％と突出しており（OECD加盟国平均は31.9％），OECDにデータのある43カ国中ブラジル（54.8％），南アフリカ（49.8％）に次いで3番目に高い。これは，日本のひとり親世帯の大半を占める母子世帯の貧困率が特に高いためである。2019年の国民生活基礎調査によると，生活が「苦しい」（「大変苦しい」と「やや苦しい」の合計）と感じている人は，全体平均が54.4％に対し，母子世帯は86.7％と極めて高い数字になっている[16]。

シングルマザーの貧困

　日本の母子世帯は，他の先進諸国に比べて就労率が高く，2021年度全国ひとり親世帯等調査によると，母子家庭の86.3％，父子家庭の88.1％が就労している。海外のひとり親家庭の就業率は，アメリカ（75.7％），イギリス（68.1％），フランス（70.3％），イタリア（65.8％），オランダ（68.9％），ドイツ（73.9％）であり，日本が他国より高いことがわかる[17]。しかし，母子家庭の就労による収入は平均373万円であり，これは子どもがいる世帯全体（813万円）に比べて440万円も低くなっている（父子世帯の平均収入は年間606万円）[18]。

　その要因として，働くシングルマザーの主たる仕事の雇用形態の約7割が低賃金の非正規雇用だということが挙げられる[19]。シングルマザーは正規就労が難しいため，2つ以上の仕事を掛け持ちしている女性も少なくない。

　親が働いていない世帯の日本の子どもの貧困率は，OECD諸国

の平均を少し下回っており，アメリカと比べるとかなり低い状況となっている。しかし，親が働いている場合の貧困率は，働いていなかったときと比べて他国では数値が大幅に低くなっているのに対し，日本だけがむしろ高くなっており，ひとり親世帯の親は働いても，貧困から抜け出せないという現状を示している。

　阿部彩は，日本政府は子どもの貧困率の逆転現象を解消することを最優先の課題とすべきと主張した[20]。そのためには，児童手当や児童扶養手当といった現金給付を拡充させることが不可欠である。以下は，現金給付を受け取っているシングルマザーの声である。

「児童扶養手当，本当に助かっています。ですが，非正規雇用で給料は決して高くなく，余裕は全くありません。正社員を目指して求人を見てますが，本当に支援して欲しいのは，子育てしながらの勤務への理解です。子育てしながら，フル残業，県外出張などの勤務はとても無理。学校行事で外出や遅刻することもあるし，そこを加味してもらっての正社員ならいいのに。いい求人があっても，母子家庭というだけで落ちる気がします」[21]。

　末冨芳・桜井啓太は，日本では，就業していない親を働かせる施策よりも，子育て世代（特にシングルマザー）の社会的不利を除去する施策の方が子どもの貧困改善効果が高いと論じている[22]。

　大阪子どもの貧困アクショングループの2014年の調査によると，シングルマザーの7割が夫からDVを受けており，DVによる結婚の破綻で経済的に困窮するという背景が明らかとなっている[23]。

子どもの社会的排除を社会的包摂に

　子どもにとって経済的貧困は，社会的排除に簡単に結びつく。お

小遣いがないために友達と買い物に出かけることができない，ある
いは食事に行けず，結果的に友達の輪に入れず，学校に行くのもつ
らくなる子どもは少なくないだろう。赤石千衣子は，貧困家庭の子
どもと不登校の子どもが直面する問題の解決法には共通点がみられ
ると論じているが，近年，貧困のために不登校となる子どもは増え
ている[24]。

　東京都豊島区には，「豊島子ども WAKUWAKU ネットワーク」
という NPO 法人がある。この NPO は，子どもの貧困問題に注目
し，地域の子どもを地域で見守り，その学びや暮らしを支え育てる
ために2011年に設立された。子どもが信頼できる大人や若者につな
がったとき，その子どもの人生が大きく変わりうると信じ，さまざ
まな形の居場所づくりを行っている。その１つが「あさやけ子ども
食堂」である。１人でコンビニ弁当やおにぎりを食べている子ども
が１人でも入ることができ，幼児から高校生までにぎやかに食事で
きるようになっている[25]。そして受け入れてもらえた子どもは
自己受容ができるようになり，地域で人とつながることにより，
「関係性の貧困」からも抜け出すことができる。このような取組み
によってこの NPO は，子どもを排除せず，包摂する社会づくりを
行っているといえる。

4　権利ベース・アプローチ

権利ベース・アプローチと開発

　1990年代の終わりごろから，国連や開発 NGO の間で，開発や貧
困問題への取り組みとして，権利ベース・アプローチの重要性が認

識されるようになった[26]。権利ベース・アプローチでは，人々が置かれている状況を権利のレンズによって分析し，権利が侵害されている状況を変えるために，社会規範を変えていくものである。

　権利ベース・アプローチの特徴は，第1に，当事者自身を権利保有者とみなし，彼ら彼女らが直面している問題を権利侵害と認識すること，第2に，従来，介入するアクターが政府，国連機関，NGOなどに，対象者も当事者に限られていたのに対し，権利ベース・アプローチでは，周囲にいるすべての人々（利害関係者）の中から，権利を回復・実現する責務のある人々を責務履行者として特定し，それらの人々が責務を果たせるように能力強化を行う点である。つまり，介入の主体が外部者ではなく，地元の住民などより草の根レベルの人々であり，彼らは同時に能力強化の対象者ともなる。第3に，権利ベース・アプローチは，能力強化をすると同時にシステムを築くことを重視する。第4に，権利ベース・アプローチでは，当事者の主張する力・説明責任を問う力を強化し，参加を重んじるため，当事者が問題解決に引き続き取り組むようになり持続性が高まる。

子どもの貧困における具体的な取り組み

　では，子どもの貧困に対して権利ベースアプローチを採用するとどのように取り組むことになるのだろうか。第1に状況を子どもの権利侵害とみなすこと，第2に子どもの権利を実現するために子どもが権利を主張できるようにすること，第3に子どもの権利を実現する責務を負っている人々の能力を強化することである。

　第三世界と日本の両方において具体的にみてみよう。

　カンボジアのある村のある貧困家庭の少女が出稼ぎに出されよう
としている。その家庭の親は教育を受けておらず，ベトナムからき
た商人に米の収穫を増やすためには農薬と化学肥料が必要と説得さ
れ，借金をして大量の化学肥料を買った。しかしその借金を返すこ
とができるほど収穫は増えなかったために，借金返済のため娘を出
稼ぎに出すことにしたのである。少女は小学校6年生。少女も地域
住民も貧しい家庭では，娘が働くのは当然と考えている。娘を出稼
ぎに出すにあたり親は，村長から紹介された人をブローカーと知ら
ずに娘を引き渡す。その結果，少女は性産業に売られてしまう。

　そうした状況に対して，従来のニーズベース・アプローチ（困難
な状況下にある人々や子どもを援助の対象者・受益者とみなし，外部の
援助者がニーズに優先をつけて援助するアプローチ）であれば，ある
NGO が少女に奨学金を与えるという事業を行うだけだったかもし
れない。それに対して，権利ベース・アプローチをとる NGO が行
うべきことは以下のようなことである。

　まず，地域に子どもの権利を普及し，少女自身，親，地域住民が，
少女が学校をやめて働きに出されるのは，教育を受ける権利の侵害，
経済的搾取・人身取引から保護される権利の侵害にあたることを認
識できるようにする。そして，少女にも教育を受ける権利等があり，
それらは主張してもいいということを，少女が理解できるようにす
る（権利保有者のエンパワーメント）。さらに，親が娘から権利を主
張されたときに応えられるように借金をしなくてもすむ自然肥料を
使う農法や人身売買の手口，法律を学ぶ機会を責務履行者に提供す
る（責務履行者の能力強化）ということである。このような取り組
みが進んだ地域では，少女の権利が守られ，少女が社会で力を発揮

できるようになるだろう。

　では，日本において子どもの貧困問題に権利ベース・アプローチで取り組むとはどういうことだろうか。例えば，地域住民がコンビニで毎日夕食におにぎりやパンを買っている子どもを見かけたとする。その子が気がかりでも，自分個人のできることの限界を考えて躊躇する人は多いだろう。しかし，権利ベース・アプローチがとられている地域であれば，住民がその地域の子どもの権利を守る責任を自覚しており，どこに連絡をとればいいかを認識している。そして，関連 NPO や行政に連絡をとってアドバイスを求める力がある。また，ほかにも関心を寄せている地域住民をたやすく見つけることができ，適切な行動を共にとっていくことができるだろう。

　2023年4月からは，こども基本法が施行され，こども家庭庁が設置され，子どもの声を聴きながら取り組むことや子どもの権利普及が義務付けられた。そして，子どもが困ったときには支援を求められる相談場所や仲間とともに子どもの権利を学べる居場所や子ども食堂がさらに増えていく必要がある。

　このように世界でも日本でも，地域全体が貧困家庭の子どもを守るという意識を持ち，子どもと共に行動をとることが子どもの社会的排除を防ぎ，共に生きる社会をつくっていくことになる。

❖❖❖❖❖❖ **課題** ❖❖❖❖❖❖

1．世界の貧困もしくは国内の貧困の事例を調べ，「社会的排除」という考え方で説明してみよう。
2．子どもの貧困問題の解決において，子どもの権利ベース・アプローチで解決していく取り組みについて調べよう。

註

（1）　世界食糧計画（WFP）（2022年7月6日）「世界の食料安全保障と栄養の現状2022（SOFI）記録的飢餓が拡大——世界の食料安全保障と栄養の現状」https://ja.wfp.org/stories/sofi-report-record-hunger-rise-un-study-says（2023年11月18日閲覧）。FAO, UNICEF, WFP and WHO.（2022年7月22日）「The State of Food Security and Nutrition in the World 2022 ——Repurposing food and agricultural policies to make healthy diets more affordable」https://doi.org/10.4060/cc0639en（2023年11月18日閲覧）。

（2）　The World Bank「Poverty」https://www.worldbank.org/en/topic/poverty/overview（2023年11月18日閲覧）。日本経済新聞（2022年10月6日）「極度の貧困人口，コロナ禍で7000万人増　世銀試算」https://www.nikkei.com/article/DGXZQOGN05DN50V01C22A0000000/（2023年11月18日閲覧）。

（3）　Spaceship Earth（2023年6月22日）「絶対的貧困とは？　相対的貧困との違い，世界の現状，原因，解決策も」https://spaceshipearth.jp/absolute-poverty/（2023年11月18日閲覧）。World Bank…BLOGS（2022年9月14日）「September 2022 global poverty update from the World Bank: 2017 PPPs and new data for India」https://blogs.worldbank.org/opendata/september-2022-global-poverty-update-world-bank-2017-ppps-and-new-data-india（2023年11月18日閲覧）。

（4）　ロバート・チェンバース著，甲斐田万智子・穂積智夫監訳『第三世界の農村開発——わたしたちにできること』明石書店，1995年。

（5）　岩田正美『社会的排除——参加の欠如・不確かな帰属』有斐閣，2008年。

（6）　UN（2021年7月1日）Water「WHO/UNICEF Joint Monitoring Program for Water Supply, Sanitation and Hygiene（JMP）-Progress on household drinking water, sanitation and hygiene 2000-2020」https://www.unwater.org/publications/who/unicef-joint-monitoring-programwater-supply-sanitation-and-hygiene-jmp-progress-0（2023年11月18日閲覧）。

（7）　CNN ジャパン（2023年1月16日）「1％の富裕層がコロナ禍で手にした富，残る99％のほぼ2倍」https://www.cnn.co.jp/business/35198649.html（2023年5月31日閲覧）。OXFAM International（2023年1月16日）「Richest L% bag nearly twice as much wealth as the rest of the world put together over the past two years」https://www.oxfam.org/en/press-releases/richest-1-bag-nearly-twice-much-wealth-rest-world-put-together-over-past-two-years（2023年11月18日閲覧）。

（8）　幸せ経済社会研究所（2017年2月26日）「オックスファム報告書，『99％のための経済』」https://ishes.org/happy_news/2017/hpy_id002210.html（2023年11月18日閲覧）。

（9）　日本ユニセフ協会「ユニセフの主な活動分野　保健」https://www.unicef.or.jp/about_unicef/about_act01.html（2023年11月18日閲覧）。

（10）　同上。

（11）　UNICEF「Child Marriage」https://www.unicef.org/protection/child-marriage（2023年5月31日閲覧）。

（12）　Save the Children（2021年10月11日）「Child Marriage Kills more than 60 girls a day」https://www.savethechildren.net/news/child-marriage-kills-more-60-girls-day（2023年11月18日閲覧）。

（13）　東洋経済オンライン（2022年2月15日）「子どもの貧困，内閣府「初の全国調査」で見えた悲痛な実態」https://toyokeizai.net/articles/-/508546（2023年11月18日閲覧）。

（14）　OECD「family data base　CO2.2: Child poverty」https://www.oecd.org/els/soc/CO_2_2_Child_Poverty.pdf（2023年11月18日閲覧）。OECD加盟33カ国の平均値は12.9％。

（15）　同上。日本の子どもの貧困率は，2006年に14.7％，2012年に16.9％，2018年に14.0％。

（16）　厚生労働省「2019年国民生活基礎調査の概況　Ⅱ各種世帯の所得等の

状況」https://www.mhlw.go.jp/toukei/saikin/hw/k-tyosa/k-tyosa19/dl/03.pdf（2023年11月18日閲覧）。

(17)　厚生労働省子ども家庭局家庭福祉課（2020年11月）「ひとり親家庭の現状と支援施策について」https://www.gyoukaku.go.jp/review/aki/R02/img/s1_3.pdf（2023年11月18日閲覧）。

(18)　厚生労働省子ども家庭局家庭福祉課，同前ウェブサイト。

(19)　吉中季子「ひとり親世帯の生活実態と課題——コロナ禍が浮き彫りにしたもの」『季刊個人金融2022冬』ゆうちょ財団，2022年。

(20)　阿部彩『子どもの貧困Ⅱ——解決策を考える』岩波新書，2014年。

(21)　NHK福祉情報サイトハートネット（2014年4月30日）「子どもクライシス」https://www.nhk.or.jp/hearttv-blog/2700/186798.html（2023年11月18日閲覧）。

(22)　末冨芳・桜井啓太『子育て罰——「親子に冷たい日本」を変えるには』光文社新書，2021年。

(23)　NHK福祉情報サイトハートネット，前掲ウェブサイト。

(24)　赤石千衣子『ひとり親家庭』岩波新書，2014年。

(25)　認定NPO法人豊島子どもWAKUWAKUネットワーク（http://toshimawakuwaku.com/）（2023年11月18日閲覧）。

(26)　甲斐田万智子「権利アプローチによる子ども支援とコミュニケーション」，伊藤英夫・工藤秀機・石田行知編『対人援助のためのコミュニケーション学——実践を通じた学際的アプローチ』文京学院大学総合研究所，2019年。

（甲斐田万智子）

第6章
差別と向き合う

私が両手をひろげても，お空はちっとも飛べないが，
飛べる小鳥は私のように，地面（じべた）を速くは走れない。
私がからだをゆすっても，きれいな音は出ないけど，
あの鳴る鈴は私のようにたくさんな唄は知らないよ。
鈴と，小鳥と，それから私，みんなちがって，みんないい。

——金子みすゞ[1]

　私たちは，自分と違う人と関わることについて，恐れを抱きがち
で，それは差別意識につながりかねない。しかし，違いが温かく受
け入れられる社会は，全ての人にとって暮らしやすい社会といえる。
本章では，差別に直面する人々を理解し向き合い方について考える。

1　多文化共生

外国にルーツをもつ人々——在留外国人

　現在，どれだけの数の外国人が日本で暮らしているのだろうか。日本における外国人には，「出入国管理及び難民認定法」（入管法）によって在留資格が定められるが，2023年に成立した改正法は多くの問題点が指摘されている。

　2022年末の在留外国人数は307万5213人となり，前年末に比べ，31万4578人増加した。国籍別では，中国，ベトナム，韓国，フィリピン，ブラジル，ネパール，インドネシアと続いている。在留資格別では，「永住者」が最も多く，次いで，「技能実習」「技術・人文知識・国際業務」「留学」「特別永住者」と続いている[2]。

　一方，厚生労働省によると，2022年10月末時点の外国人労働者は182万2725人で，前年比9万5504人増加し，過去最多を更新した。国籍別では，ベトナムが最も多く46万2384人。次いで中国38万5848人，フィリピン20万6050人の順となっている[3]。

　政府は，外国人労働者の受け入れを拡大し，労働力不足を解消するために入管法を2018年に改正した（2019年4月施行）。これにより，新しい在留資格「特定技能」の対象となる「14業種」で受け入れが可能となり，介護，宿泊，外食の「3業種」において外国人労働者の単純労働が許可されることとなった。

人身取引と批判される外国人技能実習制度とヘイトスピーチ

　日本政府は，労働力不足解消のために2014年に外国人労働者の活

用を成長戦略にかかげ，外国人技能実習制度を利用してきた。しかしこれは，外国人を低賃金で強制労働させる人身取引であると国際的に厳しく批判されてきた。米国務省は，毎年6月に世界の人身取引に関する年次報告書を発表しているが，日本は，2018年を除き，2005年から毎年「政府の取り組みが十分ではない」とされる第2階層にランク付けされている（先進国では最低レベル）[4]。

　その理由の一つは，技能実習制度において強制労働が横行しているにもかかわらず，政府の解決への取組みが不十分だからである。

　同報告書は，技能実習生に対する非人道的な扱いについても度々指摘してきた。技能実習生たちは，当初の目的であった技能の習得もなく，劣悪な住居に大勢で住まわされ，移動の自由もコントロールされている。ある縫製会社では，工場で働く中国人研修生に，次のように記された誓約書にサインをさせていたという。「無条件に会社の規則に従う」「いかなる動機によっても，ストライキや，もめごとを起こさない」「携帯電話，パソコンの所持を禁じる」「誰とも同居，結婚，妊娠を引き起こす行為をしない」等である[5]。

　法務省の2022年の「技能実習生の妊娠・出産に係る不適正な取扱いに関する実態調査」では，「妊娠したら仕事を辞めてもらう」といった不適切な発言を技能実習生の4人に1人（26.5％）が母国の送り出し機関や国内の受け入れ先から受けていたことがわかった[6]。そうした中，2020年，ベトナム人の技能実習生のリンさんは，妊娠を誰にも相談できず1人で悩み，自宅で双子を死産した。赤ちゃんの遺体を箱に入れて弔っていたところ，新生児を遺棄したとして逮捕された。1審2審で有罪判決となったが，最高裁判所は無罪判決を下した。判決後，リンさんは，「妊娠して悩んでいる技能実習生

の悩みを理解し，女性を捕まえない社会に変わってほしい」と訴えた[7]。

　国際人材協力機構（JITCO）の「2012年度　外国人技能実習生の死亡者数と死因」によると，1992年度から2012年度の間で304人の実習生が死亡し，そのうち29人が自殺，87人が過労死の疑いが考えられる脳・心臓疾患で亡くなっている[8]。わずかな「研修」期間におけるこれだけ多くの実習生の死亡数は，いかに過酷な労働であるかを表している。

　近年，排外主義の空気が広がっている日本は，ヘイトスピーチの問題を国際社会から度々指摘されてきた。国連人権規約委員会は，2014年，日本政府に対し，ヘイトスピーチなど，人種や国籍差別を助長する街宣活動を禁じ，犯罪者を処罰するよう勧告した。これを受けて，2016年，「ヘイトスピーチ解消法」が施行された。これは，国外出身者に対する不当な差別的言動の解消に向けた取組を推進するための法律であるが，罰則規定はない。それに対して，川崎市では，ヘイトスピーチに対して罰金刑を科す全国初の条例として，「川崎市差別のない人権尊重のまちづくり条例」が2020年7月に施行された。しかし，ヘイトスピーチはなくならず，外国ルーツの子どもたちが恐怖や不安に苛まれることも少なくない。

外国にルーツをもつ子どもたちが直面する問題

　社会で外国にルーツをもつ子どもたちも，さまざまな困難や差別に直面している。日本語指導が必要な外国にルーツをもつ児童・生徒は，1999年度には1万8585人だったのが，2021年度には，5万8353人と約20年間で3倍以上に増えている（そのうち外国籍の児童

生徒数は 4 万7627人，日本国籍の児童生徒数は 1 万726人)(9)。

　このような子どもたちが直面する問題は，第 1 に義務教育における不十分な受け入れ体制である。海外から移り住み，公立小中学校に入ることができても日本語がわからないことから授業についていけない。その結果，学校になじめず孤立し，不登校になったり，中退したりする子どもがいる。第 2 に，15歳以上で日本に移り住んだ子どもが学ぶ場がないことである。こうした子どもたちの多くが，日本語の読み書きができず，高校にも進学できない状態にある。学歴が中卒のままであれば，将来にわたって経済的に困窮しうる。

　日本語指導が必要な中学生等の高校等への進学率は89.9％で，全中学生等の進学率99.2％と比べてかなり低い。高校生等の中退率は5.5％で，全高校生等に比べ5.5倍である（全高校生等 1.0％）。大学などに進学した生徒は，51.8％で，全高校生等に対する割合は依然として低い（全高校生等 73.4％)(10)。意欲があり多大な努力を払って勉強しても，言葉の問題によって進学できなかったり，中退せざるをえないという問題解決のために日本語教師を増やし，日本語教育の機会を確保する必要がある。2023年 4 月からこども基本法が施行され，こども家庭庁が設置されたが，外国ルーツの子どもの学ぶ権利を保障するための施策が望まれる。

　NPO の多文化共生センター東京は，高校受験を控える外国ルーツの子どもたちに日本語等を教えるクラスを開講している。この団体は，10代で母国を離れるという困難を乗り越えた子どもたちは，たくましさや他者への思いやりをもち，複数の視点から物事をとらえられる大人となり，日本社会により必要になると主張している。

　私たちは，外国ルーツの子どもたちを社会に貢献する子どもたち

とみなし，「互いに学びあう」という視点をもつことが大切だろう。

2　ホームレスの人々と共に生きる社会

ホームレスの実態

　2022年に実施された「ホームレスの実態に関する全国調査」[11]によると，全国の政令指定都市，東京都23区などのホームレス者数の総数は3448人（男性3187人，女性162人，不明99人）であった。ホームレスが確認された地方公共団体は，246市区町村のうちホームレス数が最も多かったのは大阪府（966人）である。次いで多かったのは東京都（770人），神奈川県（536人）である。ホームレスが確認された場所の割合は，「都市公園」24.6％，「河川」24.0％，「道路」21.3％，「駅舎」5.7％，「その他施設」24.3％であった。

　これ以外にも，定住する住居を持たず，インターネットカフェや漫画喫茶，サウナなどに宿泊する人がいる。東京都が2018年1月に発表した，「住居喪失不安定就労者の実態調査」によると，東京都だけで，そのような人が1日約4000人いると推計されている（不安定就労者とは，労働形態が派遣労働者，契約社員，パート・アルバイトに該当する人のことである）[12]。

　ホームレスの人にとって路上で暮らす上で最も苦しいことは何だろうか。もし，寝るときに誰かに襲われるかもしれないという不安を毎晩抱えながら眠りにつくとしたらどうだろうか。非常に痛ましいことであるが，これまで日本各地で，子ども・若者たちによるホームレスへの襲撃事件が繰り返されてきた。投石，花火を打ちこむ，ガソリンをかけて火を放つ，殴る・蹴るなどの暴行がなされ，被害

者が「死」に至る事件が後を絶たない。

　2012年には，JR 大阪駅高架下で野宿していた富松国春さん（67歳）が，少年グループに頭や腹を殴られるなどの暴行を受け，翌日，外傷性くも膜下出血で死亡した。2020年には岐阜県の川岸で野宿していた渡邉哲哉さん（81歳）が少年グループ5名に襲撃され，頭蓋骨骨折により死亡した。少年らは逮捕され，致命傷となった土の塊を投げた少年Aに懲役5年，最後の現場にいて最も多く襲撃に関わっていた少年Bに懲役4年の判決が下された。少年たちは，小さな頃から野球が得意で家では「とてもいい子」として期待されてきた。しかし，公判では，野球を「好きだ」と思ったことはなく，18歳からは「ずっと死にたかった」と証言した[13]。野球推薦で大学に入ったものの人間関係が築けずやめてしまった若者が，ホームレスの人へ投石をする以外に新たな居場所を見つけることはできなかったのだろうか。

　別の事件でホームレスを襲撃した少年たちは，「ホームレスは臭くて汚くて社会の役に立たない存在」「ゴミを掃除しただけ，大人は叱らないと思った」と発言している。襲われたホームレスは「怖くて眠れなくなった」「悲しくてたまらない。安心して寝られる場所がほしい」と訴えている。子どもや若者による襲撃を防ぎ，悲惨な事件をなくすために，どのような人がホームレスになるかを理解する必要がある。

どのような人がホームレスに？

　東京都の一地区におけるホームレスを対象に2008～09に実施された調査によると，対象者のうち約4～6割が精神疾患をもち，知

的障がい者は3割に上った[(14)]。

　障がいをもつ人のうち，診断を受けておらず何らかのサポートも受けていない人は，路上生活状態になりやすい。ホームレス支援の実践において，虐待を受けてきたと話す人の割合は高い。そのような人たちは，未診断の発達障がいや知的障がい，精神障がいが理由で「教育」と称される虐待を受けていた例が多数認められている。

　また，路上に追いやられる人の中に，LGBTの人も決して少なくない。それはLGBTの人々が差別により教育や就職の機会から排除された結果ともいえる。

授業や活動で学ぶ子どもたち

　子どもや若者たちによる「ホームレス」襲撃を防ぐために，2008年に「ホームレス問題の授業づくり全国ネット」（通称「HCネット」）が設立された。この団体は，学校で授業を実施するほか，教育委員会にはたらきかけてきた。

　川崎市は1995年に野宿者襲撃問題をテーマにした教職員向け指導冊子を作成し，市内すべての学校に配布している。この冊子を活かしてホームレスについての授業が行われた学校の子どもたちからは，「今までホームレスは仕事もしないでただ汚いかっこうをして寝ているだけだと思ってたけど，授業でそれぞれに理由があるんだとわかった」「ホームレスの人達のなかには，とてもやさしい気持ちを持っている人がたくさんいると思った」といった声が寄せられている。

　HCネットの代表・北村年子さんは，襲撃する子どもたちもいわば「ホーム」がない子どもととらえている。それはある少年の次の言葉を聞いたからである。「ぼくもホームレスのおじさんもおんな

じだなって思った」「おじさんたちには屋根のあるうちがない。ぼくには屋根のある大きな家があるけど，安心して眠れる家はない」[15]。

HC ネットでは，子どもたちとホームレスの人々の出会いを，希望ある「人と人との出会い」へと変えていこうと取り組んでいる。

大阪のこどもの里と山王センターは，大阪あいりん地区で子どもたちによる夜回り活動を実施している。大人が話しかけてもなかなか応じようとしないホームレスの人たちも，子どもたちがおにぎりをもって声をかけると心を開いて話をし始める。社会的に排除された人々を社会に包摂する取り組みの１つである。

ホームレスの人々の自立を応援する団体の１つに有限会社ビッグイシュー日本がある。『ビッグイシュー』とは，イギリスで1991年につくられた雑誌であるが，日本では2003年９月に創刊された。その後，2007年にビッグイシュー基金が設立された（2012年には認定NPO法人化）。基金はホームレスの人々には「居場所と出番」を提供し，人々がつながって生きられる「包摂社会」を目指し「社会問題の当事者になった人がその問題解決の担い手になって初めて，その社会問題は解決される」と考えている。このように，ホームレスの人たちを「パートナー」と考える姿勢が日本社会を「豊かな」社会へと変えていくのではないだろうか。

3　性的マイノリティ／LGBTQ＋

性的マイノリティ／LGBTQ＋とは

近年，性的マイノリティ（性的少数者）という言葉を表す言葉と

して「LGBTQ」という言葉を見かけることが増えてきた。LGBTQとは，同性愛のLesbian（レズビアン）とGay（ゲイ），両性愛のBisexual（バイセクシュアル），出生時に法律的／社会的に定められた自らの性別に違和感を持つTransgender（トランスジェンダー），Questioning（クエスチョニング）の総称で，それぞれの頭文字をつなげた略語である。最後のクエスチョニングは，自分の性別がわからない人や意図的に決めていない人，決まっていない人，模索中である人のことである。これに性器，卵巣・精巣といった性腺，染色体等が男性型・女性型のどちらかに統一されていないか，または判別しにくいIntersex（インターセックス）を加えてLGBTQIと呼ぶ場合もある。しかし，セクシュアリティのあり方は100人いれば100通りあるという考え方から，最近では，SOGI（Sexual Orientation and Gender Identity：性的指向と性自認）という言葉が使われることも増えてきている。

　過去数十年の間に，国際的にも国内的にもLGBTの人たちの権利を実現しようとする運動が高まり，一般の人々による理解や同姓婚の法制化も進んできた。2022年7月現在32カ国で同性婚を認める法律（同性婚法など）が制定されており，31カ国でパートナーシップの制度など同性婚とほぼ同じ制度が設置されている[16]。アイスランドでは，同性愛者の女性政治家が2009年に首相に就任している。日本でも2015年11月，東京都渋谷区と世田谷区で同性カップルに対して二人のパートナーシップが婚姻と同等であると承認する同性パートナーシップ制度が始まった。その後，次々とこの制度を取り入れる自治体が増え，2023年5月30日現在，278の自治体で導入され，人口の普及率は68.4％に広がっている[17]。2022年12月現在，同性

パートナーの証明書が交付された同性カップルは4186組に上る⁽¹⁸⁾。

　しかし，国によっては，同性婚を厳しく禁じる国もあり，国際レズビアン・ゲイ協会によると，同性間の性行為を犯罪としている国はアフリカや中東などで69カ国ある（2020年10月現在）⁽¹⁹⁾。

　トランスジェンダーとは，こころの性とからだの性が一致していない人のことをさし，性同一性障害とも言われてきたが，最近では国際的に「性別違和」と表現される。性別違和を感じるすべての人ではないが，心の性と一致する性で生きていくことを望む人も多い。日本では，性同一性障害という診断を根拠にしないと性別適合手術を行えないため，現在でも性同一性障害という言葉が使われており，2020年までに1万301人が戸籍上の性別を変更している⁽²⁰⁾。

　最近では，トランスジェンダーのテーマを取り上げたテレビドラマが放映されたり，カミングアウトをするスポーツ選手や政治家が増えてきたこともあり，理解は徐々に進んできているが差別は解消されていない。

深い苦しみと対応の遅れ

　2020年に全国20〜59歳の6万人を対象に行った調査「LGBTQ＋調査2020」によると，LGBTQ層に該当すると回答した人は8.9%であった。この割合を日本全体に換算するとLGBTQの人口は約1120万人と推定され，学校の20人のクラスであれば，1人から2人のLGBTQの子どもがいることになる⁽²¹⁾。

　LGBTQに対する理解は以前より深まったとはいえ，学校でLGBTQについて学ぶ機会はまだまだ限られている。このため，LGBTQの子どもたちがいじめに遭ったり，自分自身を受け入れら

れないことも多い。LGBTQ 当事者を対象に2013年に行った調査によると，その約7割が学校でいじめられたことがあり，3割が自殺を考えた経験があると答えている[22]。報告書によると「言葉の暴力を受けたことがある」が53％，「無視された，または仲間はずれにされたことがある」が49％，「身体的な暴力を受けたことがある」が20％，「性的な暴力を受けたことがある」が11％，「自傷したことがある」が22％いることがわかった。さらに12％は教師からいじめられた経験があると回答している。

　一方，2013年に文部科学省が全国の小中高など計約3万7000校に行った調査によると，相談を受けた性同一性障がいの児童生徒に対して学校が配慮する取り組みを行っていたのは6割にとどまっていた。必要とされる対応としては，トイレ，更衣室，修学旅行などの宿泊研修，通称の使用などである。特に制服のせいで不登校になるトランスジェンダーの子どもが多いため，ジェンダーレスの制服を取り入れることが重要である[23]。

　2022年12月，文部科学省が12年ぶりに生徒指導提要を改訂したが[24]，そこに「性的マイノリティに関する課題と対応」が盛り込まれ，教職員の LGBTQ への理解促進の必要性が明記された。LGBTQ に関する理解を促進する研修や啓発活動や学校間における情報交換が緊急に求められている。一方で，学校でカミングアウトできない子どもたちがありのままの自分で過ごせたり，仲間と過ごす居場所を設置することも重要である[25]。

多様性を大切にして生きる

　LGBTQ に関する啓発活動を行っている NPO は多数あるが，そ

の1つが ReBit という学生団体で，中高大学生や教員向けの出張授
業を頻繁に行い，LGBTQ＋の就職支援にも取り組んでいる。

　これまで LGBTQ の学生は就活の際にカミングアウトの問題な
ど困難に直面してきたが，近年は，先進企業を中心に，性的指向に
よる差別を禁じる社内規定を設けたり，性的少数者向けの就職説明
会を開いたりするなど，LGBT 人材が働きやすい職場づくりに取
り組む動きも広がってきている。たとえば，富士通は，社員の行動
規範に，性的指向についても差別やハラスメントを「許容してはな
らない」と明記している。また，結婚情報誌『ゼクシィ Premier』
（リクルート）は，同性カップルの結婚式の取材を続け，同性カップ
ルのために情報を提供している[26]。LGBTQ にフレンドリーな企業
に関しては，ダイバーシティ求人サイトの JobRainbow がそれらの
企業一覧を掲載したり[27]，Cosmopolitan が企業の取組みや制度を
詳しく紹介している[28]。

　しかし，日本の LGBTQ の人の権利を守る法整備の遅れは，国
際社会で際立っている。OECD の LGBTQ の人権保障に関する
2019年の調査で，日本の法整備の進捗状況は35カ国中34位でワース
ト2位だった[29]。日本の特徴は順位が低いことに加え，この20年
間でほぼ変化がないことだ。1999年以降，加盟国の多くは法整備を
加速したのに対し，日本は複数の国際機関から LGBTQ の権利を
守る包括的な法整備を繰り返し求められるも，消極的な態度を取り
続けている。LGBTQ 差別禁止法の早急な制定が望まれるが，
LGBT 法連合会によると，この法律の制定により次の3つの面で
効果が期待される。第一に，LGBTQ であることによるいじめを防
止し，いじめの被害を受けた子どもへのケアが義務付けられる。第

二に，雇用において当事者への差別的扱いが禁止される。第三に当事者の相談や支援の体制が整備される[30]。

　重要なことは，LGBTQ の人を特別な存在とみなすのではなく，誰でもいつでも当事者となりうることを認識し，多様性を大切にして生きることであろう。そして，LGBTQ の人々が差別的扱いを受けていることに気づいたら，アライ（Ally）（LGBTQ 当事者に共感し，理解や支援を表明する人）として，それを止めるアクションを起こすことではないだろうか。

社会との「つながり」

　本章では，外国人労働者や外国人技能実習生，外国にルーツをもつ子どもたち，ホームレスの人，そして LGBTQ の人が受けている差別や人権侵害と NPO の取組みについて見てきた。マイノリティの人々は，異なる・見えない存在として社会的に排除されやすい。

　ホームレスの人々と LGBTQ の人々の間には一見関連性がないように見えるかもしれない。しかし，学校や職場で差別され孤立した LGBTQ の若者が，路上で暮らさざるをえない状況も生まれている。

　そして，家庭で大切な存在として認めてもらえなかった子どもたちがホームレスの人々を襲撃してしまうような危険性がある。そこには自分を価値ある存在とは思えない自尊感情の低さが深く関わっているともいえる。

　「人との関係のなかで傷ついた心は人とのつながりのなかでまた，癒され，回復していく」と北村年子さんはいう[31]。人は不完全な自分をあるがままに受け入れ，人からも認められることで自尊感情

を回復する。そのようなありのままの自分を認めてもらえる人との
つながりが，差別をなくし，人が排除されない社会となる。1人ひ
とりが自分の差別意識と向き合い，差別されやすい人とのつながり
を深めることで，誰ひとり取り残さない社会に近づくだろう。

◆◆◆◆◆◆ **課題** ◆◆◆◆◆◆

1．身近にある差別の事例を取り上げ，その差別の背景となっている社会
　規範や差別を解決するための法律について調べてみよう。
2．自分がどんな側面でマジョリティであり，マイノリティであるかにつ
　いて分析してみよう。もしマジョリティである場合は，マイノリティ
　への差別に対してどのような行動をとればよいか，もしマイノリティ
　であれば，マジョリティに対してどのような行動をとれば差別をなく
　せるか考えてみよう。

註

（1）　金子みすゞ『わたしと小鳥とすずと』フレーベル館，2020年。
（2）　出入国在留管理庁（2023年3月24日）「令和4年末現在における在留
　　　外国人数について」https://www.moj.go.jp/isa/publications/press/13_
　　　00033.html（2023年11月18日閲覧）。
（3）　厚生労働省（2023年1月27日）「外国人雇用状況」の届出状況まとめ
　　　https://www.mhlw.go.jp/stf/newpage_30367.html（2023年11月18日閲
　　　覧）。
（4）　朝日新聞デジタル（2022年7月20日）「米人身売買報告書，日本は上
　　　から2番目　技能実習の一部「人身取引」」https://digital.asahi.com/
　　　articles/ASQ7N3FLTQ7NUHBI00P.html?pn=5&unlock=1#continuehere
　　　（2023年11月18日閲覧）。国務省人身取引監視対策部（2022年）「2022人
　　　身取引報告書（日本に関する部分）」在日米国大使館訳　https://jp.

usembassy.gov/ja/trafficking-in-persons-report-2022-japan-ja/（2023年11月18日閲覧）。

（5）　安田浩一『ルポ差別と貧困の外国人労働者』光文社新書，2010年。

（6）　法務省（2022年）「技能実習生の妊娠・出産に係る不適正な取扱いに関する実態調査について」https://www.moj.go.jp/isa/content/001386331.pdf（2023年11月18日閲覧）。

（7）　HuffPost（2023年3月24日）「最高裁で逆転無罪判決，元技能実習生が会見で願う「妊娠して悩んでいる女性を捕まえたりしない社会に変わって」」https://www.huffingtonpost.jp/entry/story_jp_641bb427e4b0bc5cb6547f92（2023年11月18日閲覧）。

（8）　中央労働災害防止協会「外国人労働者の労働災害による休業4日以上の死傷者数」https://www.jisha.or.jp/international/topics/201902_01.html（2023年11月18日閲覧）。

（9）　文部科学省（2022年3月25日）「日本語指導が必要な児童生徒の受入状況等に関する調査（令和3年度）の結果（速報値）について」https://www.mext.go.jp/content/20220324-mxt_kyokoku-000021406_01.pdf（2023年11月18日閲覧）。

（10）　同上。

（11）　厚生労働省（2022年4月26日）「ホームレスの実態に関する調査」https://www.mhlw.go.jp/stf/newpage_25326.html（2023年11月18日閲覧）。

（12）　ホームレス支援全国ネットワーク（2020年3月）「不安定な居住状態にある生活困窮者の把握手法に関する調査研究事業　報告書」http://www.homeless-net.org/docs/2020-03_homelessnet_mhlwreport.pdf（2023年11月18日閲覧）。

（13）　北村年子（2021年4月1日）「【岐阜ホームレス襲撃事件】元少年Bの深い闇，彼らこそ心の「ホーム・レス」だった」，週刊女性PRIME https://www.jprime.jp/articles/-/20496?display=b（2023年11月18日閲覧）。

(14)　森川すいめい・上原里程・奥田浩二・清水裕子・中村好一「東京都の一地区におけるホームレスの精神疾患有病率」，『日本公衛誌』第58巻第5号，2011年，331-339頁。

(15)　北村年子『ホームレス襲撃事件と子どもたち――いじめの連鎖を断つために』太郎次郎社エディタス，2009年。

(16)　虹色ダイバーシティ（2022年7月）「性的指向に関する世界地図」https://nijibridge.jp/wp-content/uploads/2022/07/220713_marriagemap_F_ol.pdf（2023年11月18日閲覧）。

(17)　みんなのパートナーシップ制度「全国パートナーシップ制度 導入状況」https://minnano-partnership.com（2023年11月18日閲覧）。

(18)　MARRIAGE FOR ALL JAPAN-結婚の自由をすべての人に「渋谷区・認定NPO法人虹色ダイバーシティ 全国パートナーシップ制度共同調査」https://www.marriageforall.jp/marriage-equality/japan/（2023年11月18日閲覧）。

(19)　Pink News「The dangerous and oppressive countries where same-sex love is still a crime, mapped」https://www.thepinknews.com/2020/12/16/ilga-world-report-gay-bisexual-crime-illegal-united-nations-map-death-penalty/（2023年11月18日閲覧）。

(20)　日本性同一性障害・性別違和と共に生きる人々の会「性同一性障害特例法による性別の取扱いの変更数調査（2020年版）」https://gid.jp/research/research0001/research2021042201/（2023年11月18日閲覧）。

(21)　電通（2021年4月8日）「電通，『LGBTQ＋調査2020』を実施」https://www.dentsu.co.jp/news/release/2021/0408-010364.html（2023年11月18日閲覧）。

(22)　いのちリスペクト。ホワイトリボン・キャンペーン『LGBTの学校生活に関する実態調査（2013）結果報告書』https://uploads.strikinglycdn.com/files/e77091f1-b6a7-40d7-a6f2-c2b86e35b009/LGBT%E5%AD%A6%E6%A0%A1%E7%94%9F%E6%B4%BB%E8%AA%BF%E6%9F%BB.pdf（2023年11月18日閲覧）。

(23)　文部科学省（2014年 6 月13日）「学校における性同一性障害に係る対応に関する状況調査について」https://www.mext.go.jp/component/a_menu/education/micro_detail/__icsFiles/afieldfile/2016/06/02/1322368_01.pdf（2023年11月18日閲覧）。

(24)　文部科学省（2023年12月）「生徒指導提要改訂版」https://www.mext.go.jp/content/20230220-mxt_jidou01-000024699-201-1.pdf（2023年11月18日閲覧）。

(25)　NPO のにじーず（https://24zzz-lgbt.com/）（2023年11月18日閲覧）や SHIP（http://ship-web.com/）（2023年11月18日閲覧）。

(26)　HuffPost（2016年 3 月 3 日）「男性 2 人が東京・青山で『自分たちらしい』ウェディング　進化する同性カップルの結婚式【LGBT】」http://www.huffingtonpost.jp/2014/07/29/lgbtwedding_n_5632337.html（2023年11月18日閲覧）。

(27)　JobRainbow「LGBT フレンドリー企業一覧」https://jobrainbow.jp/search/companies（2023年11月18日閲覧）。

(28)　COSMOPOLITAN（2022年 6 月30日）「こんな会社で働きたい！LGBTQ＋フレンドリーな制度がある企業」https://www.cosmopolitan.com/jp/trends/career/a35025311/lgbtq-friendly-companies/（2023年11月18日閲覧）。

(29)　東京新聞（2023年 2 月16日）「LGBTQ 権利保護の『失われた20年』を生んだ『伝統的な家族観』OECD 調査でワースト 2 位に転落」https://www.tokyo-np.co.jp/article/231352（2023年11月18日閲覧）。

(30)　LGBT 法連合会「LGBT 差別禁止法があれば…」https://lgbtetc.jp/wp/wp-content/uploads/2016/03/%E3%83%9D%E3%83%B3%E3%83%81%E7%B5%B5%E4%BB%98%E3%81%8D%E7%A7%81%E6%A1%88.pdf（2023年11月18日閲覧）。

(31)　北村，前掲ウェブサイト。

（甲斐田万智子）

第7章
メディアと人権

　私たちの身の回りには多様なメディアが存在し，起きてから寝るまでずっと何らかのメディアと過ごすような生活を送っている。例えば食事をするときや，電車やバスでの移動中，友人と話している時でさえも，常に手元にスマホがないと落ち着かないという人もいるだろう。私たちはまさしく「メディア漬け」の生活を送っているが，メディアは単に情報を伝えるだけではなく，私たちのものの考え方や価値観にも大きな影響を与える。メディアの影響力が増大する中で，私たちはどのようにして主体的に物事を判断することができるだろうか。本章では，メディアが私たちの社会に与える影響，メディアの役割，そしてメディア・リテラシーとは何かを考える。

1　メディア社会を生きる私たち

メディア社会とは何か

　メディア（media）とは，英語の「medium」の複数形であり，『広辞苑』[1]によれば「媒体。手段。特に，マス・コミュニケーションの媒体」とある。一度に多くの人へ情報を伝えることができる新聞，ラジオ，テレビは，マスメディアと呼ばれ，選挙の結果や地震速報など重大な出来事を多くの人へ一斉に伝えることができる。また，インターネットやソーシャルメディアなどデジタルメディアの発達に伴って，私たちは容易に情報を発信できるようになった。ウェブサイトやSNS，ソーシャルメディアなどで近況を知らせたり，趣味を通じてネット上で見知らぬ人と出会ったり，多様なコミュニケーションが可能となったのである。

　みなさんは1日のうちどの程度メディアと接しているだろうか。例えば，目が覚めればすぐにスマホをチェックし，テレビを見ながら朝の支度をし，通学途中の電車でスマホのニュースを見たりゲームをしたりして時間を潰す。さらに，車内の中吊り広告やモニターを通して無意識の内に広告や雑誌の内容を目にする。大学に着けば友人とSNSで昼食の約束をし，パソコンでレポートを作成する。もしメディアがなければ，どのようにして1日を過ごすだろうか。友人や家族との連絡方法に困るだろうし，大学の授業に必要なレポートやプレゼンの準備，帰宅後の余暇の過ごし方にも戸惑うかもしれない。また世界で何が起こっているかを知ることも難しい。つまり，私たちはメディアなしでは日常生活を送ることが困難な状態に

ある。このように，メディアが私たちの日常生活に深く浸透している社会を「メディア社会」という。

メディアが構成する「現実」

メディアには情報伝達という重要な機能がある。新聞やテレビ，インターネットのニュースサイトは日々起こる出来事を報じ，私たちはそれらを見て，世界で何が起こっているか，どんな事件や事故，社会問題が起こり，何が流行しているかを知る。ところが，メディアは世の中で起こるすべての出来事を伝えられるわけではない。新聞の紙面やテレビのニュース番組の時間枠には制限があり，あらゆる出来事を取り上げることはできない。インターネットのニュースサイトにおいても取り上げられる出来事とそうでないものがある。

したがって私たちが目にするニュースとは，メディアによって重要だと判断され，選択されたものである。メディアはもちろん事実をニュースとして報じているが，それはありのままの世界ではなく，メディアによって選択され構成された「現実」なのである。

ただし，メディアによって構成された「現実」であっても，私たちにとって重要な情報源であることに変わりはない。政治とメディアを例に考えてみよう。私たちは面識のない政治家についても，「この首相には期待できない」「あの政治家は若いのになかなか信頼できる」と様々に評する。メディアがなければ，私たちはどうやって選挙で投票する人や政党を決めるだろうか。タウンミーティングや選挙演説を直接聞かない限り，判断することは難しい。

このように考えると，私たちはメディアを通じて政治に参加しているとも言える。メディアは政治家の名前や年齢，出身地などの単

純な情報を伝えるだけでなく，政治家のイメージや政策の良し悪しなど私たちの考え方や価値観に多大な影響を与えている。私たちは，社会的に大きな影響力をもつメディアとどう付き合えばよいのだろうか。

メディアの役割

　ここでは，マスメディアとして大きな影響力をもつテレビを例に挙げ，そもそもメディアの役割とは何かを考えてみよう[(2)]。メディアは，放送への政治的介入を防ぎ，報道の自由を守るために，自らがどうあるべきかを律する自主基準や綱領をもっている。こうした自主基準は，日本放送協会（NHK）や日本民間放送連盟（民放連）のウェブサイトで公開されているので見てみよう。NHKの「日本放送協会番組基準」[(3)]には，公共の福祉の増進や文化の向上に加えて，「基本的人権を尊重し，民主主義精神の徹底を図る」とある。また，日本民間放送連盟の「放送倫理基本綱領」にも同様に，「放送は，民主主義の精神にのっとり，放送の公共性を重んじ，法と秩序を守り，基本的人権を尊重し，国民の知る権利に応えて，言論・表現の自由を守る」とある。このように，メディアには基本的人権を尊重しながら平和や公共の福祉，民主主義社会の構築に貢献する責任があるのだ。

　しかし，過去にはメディアが私たちの人権を侵害するような問題も起こっている。1994年6月に長野県松本市で起こった松本サリン事件では，猛毒のサリンが散布され，被害者である河野義行氏があたかも犯人であるかのような報道がなされ問題となった[(4)]。また，世間から大きな注目を浴びるような事件が起これば，新聞，雑誌，

テレビ局など多数のメディアが一斉に取材対象のもとを訪れ，家人は買い物にも出られず，子どもは学校にも行けないなど，メディアによる集団的過熱取材（メディアスクラム）も問題とされている。

　メディアによる人権侵害に対して，メディア側が何も対応しなかったわけではない。1997年にはNHKと民間放送連盟によって「放送と人権等権利に関する委員会機構（BRO）」を，さらに2003年にNHKと民放連は，放送番組向上協議会とBROを統合する形で「放送倫理・番組向上機構（BPO）」[5]を設置している。BPOは，放送による人権侵害や倫理上の問題について視聴者からの意見や人権侵害の申し立てを受け付けるなど，自律した機関として運営されている。

2　子どもとメディア

子どもとメディア——国際的な枠組みの中で

　では，メディアと人権をテーマに考えた時，どのような観点からメディアの在り方を問えばよいだろうか。ここでは，より権利を侵害されやすい立場にあるマイノリティに注目してみよう。マイノリティとは社会的少数者であり，ジェンダーや子ども，障がい者，高齢者，在日外国人などが含まれる。本節では「子どもとメディア」，次節では「ジェンダーとメディア」の国際的な取り組みを振り返り，メディアによる人権の尊重がどのようにして可能かを考えていく。

　まず，1989年に国連で採択された「子どもの権利条約」[6]を手がかりに子どもの権利とメディアの関係を見てみよう。なお，「子どもの権利条約」での子どもとは「18歳未満のすべての人間」を指し

ている。

　では，「子どもの権利条約」のうちメディアに関連した項目として第13条と第17条を見てみよう。

　第13条　表現の自由

　　子どもは表現の自由についての権利をもつ。この権利には，口頭，手書き，印刷，芸術の形態または自ら選択する他のメディアにより，国境とのかかわりなく，あらゆる種類の情報および理念を求め，受容し，伝える自由がふくまれる。

　第17条　マスメディアへのアクセス

　　締約国はマスメディアの果たす重要な機能を認め，子どもが国の内外の多様な情報源からの情報及び資料，とくに子どもの社会面，精神面，および道徳面での福祉と心身の健康の促進を目的とした情報および資料にアクセスすることができることを確保する。この目的のために，締約国は次のことをする。

　（a）マスメディアが，子どもにとって社会的および文化的に有益でありかつ第29条の精神に沿う情報および資料を普及するよう奨励する。

　（b）国の内外の多様な情報源および文化的にも多様な情報源からの情報と資料の作成，交換および普及における国際協力を奨励する。

　（c）子ども用書籍の作成および普及を奨励する。

　（d）マスメディアが，少数者集団に属する子ども，または先住民族である子どもの言語上の必要性にとくに配慮するよう奨励する。

（e）第13条および第18条の規定に留意して，子どもの福祉に有害な情報および資料から子どもを保護するための適切な指針の作成を奨励する。

第13条では子どもは大人と同様に表現の自由についての権利をもつこと，そして第17条では子どもにとって有意義な情報を国内外のメディアから得る権利が確認されている。また，第34条には性的搾取・虐待からの保護として「締約国は，あらゆる形態の性的搾取および性的虐待から子どもを保護することを約束する」とあり，特にメディアと関連して「ポルノ的な実演または題材に子どもを搾取的に使用すること」を防止するよう求めている[7]。

子どもの視点でメディア環境を問う

では，子どもにとってよりよいメディア環境とは具体的にどのようなものだろうか。ここでは「子どものテレビ憲章」を参照しながらより詳細に考えてみよう。この憲章は，研究者や子どもの教育に携わる人が集い，1995年に開催された「テレビと子ども」世界サミット（オーストラリア・メルボルン）において採択されたもので，子ども番組がどうあるべきかを次の通り提案している[8]。

1. 子どもには，子どもを対象とし，子どものためにつくられた，良質の番組が必要である。それは，子どもを不当に搾取するようなものであってはならない。子ども番組は娯楽性に加えて，子どもの可能性を身体的，精神的，社会的に，可能な限り追究し，育むようなものでなくてはならない。

2．子どもはテレビ番組を通して，自分自身について，またコミュニティや自分の居場所について，肯定的に確信することができ，自分の文化や言語，生活経験を聞いたり，見たり，表現したりできなければならない。

3．子ども番組は，子ども自身にその文化的背景を自覚させ，理解を深めさせると同時に，子どもに対して，他の文化への自覚と理解を促すようなものでなければならない。

4．子ども番組は，その種類と内容において多様なものでなければならないが，不必要な暴力や，セックスシーンを含んでいてはならない。

5．子ども番組は，子どもが視聴し得る時間帯に，定期的に放送され，そして／または，広く利用し得るメディアかテクノロジーにより，送信されなければならない。

　ここで述べられているように，子ども番組とは，子どもを対象とし，子どもが自分の可能性を信じ，自分のコミュニティ，居場所，文化について肯定的に受け止められるものでなければならない。また，子ども番組は多様な内容で，不必要な暴力やセックスシーンを排除するものでなければならず，さらには子どもの視聴時間帯にも配慮が必要とされている。

　さらに，1998年に開催された第2回「テレビと子ども」世界サミット（イギリス・ロンドン）で採択された「子どもの電子メディア憲章」では，子どもを消費者として捉えることへの懸念や，暴力表現の問題，障がいのある子どもや多様な言語に配慮すべき必要性について次の通り述べている[9]。

9．子どもは番組放送中，コマーシャルなしに番組を見ることが出来なければいけない。

11．暴力のための暴力，問題解決のための暴力が奨励されてはならない。

12．テレビ制作者は視聴障害や聴覚障害を持つ子どもを含め，すべての子どもが子どものための番組を見たり聞いたりできることを確認しなければならない。番組はそれを見ている子どもの国の言語に翻訳されなければならない。

13．すべての子どもはテレビで平等に扱われなければならない。これは年齢，人種，障害を持つ者，持たない者，そしてすべての身体的外見を含む。

　これらの基準に照らして，日本の子ども向けテレビ番組を見直してみよう。コマーシャルなしで見られる子ども番組はどの程度あるだろうか。また，子ども番組の中で暴力はどう表現されているか。すべての子どもが平等に扱われているか，障がいをもつ子どもは1週間のうちどの程度テレビに登場しているか。視覚や聴覚の障がいに配慮した子ども向け番組が提供できているか。このような観点からテレビ番組を見直すと，日本のメディア環境が子どもの権利を十全に反映したものであるかどうかを検討することができるだろう。

子どもの視点から考える

　ここではマスメディアであるテレビを中心に取り上げてきたが，インターネットやスマホなどデジタルメディアの発達によって，子どもが自ら情報を発信することが可能となるなど，子どものメディ

ア環境は大きく変わりつつある。こうした新しいメディア環境においても，子どもの権利が守られているかという視点で考える必要がある。また，このようなメディア社会を主体的に生きるための力としてメディア・リテラシーも必要とされているが，メディア・リテラシーとは何かについては後述する。

3　ジェンダーとメディア
——国際的な枠組みの中で——

北京行動綱領が提起したもの

　次に，ジェンダーの視点からメディアの在り方を考えてみよう。ジェンダーもまたメディアの役割や人権について考えるときの重要なテーマであり，国際的な枠組みの中で取り組まれてきた。

　「ジェンダーとメディア」の国際的な動きの中で特筆すべきは，1995年に国連が主催し，北京で開催された第4回国連世界女性会議である。世界女性会議は，国連が1975年を国際女性年と制定してから5年あるいは10年ごとに開催されているもので，ジェンダー問題の解決および男女平等の実現に向けての課題と取り組みが検討されてきた。第4回世界女性会議では「行動綱領」が採択され，そこには女性問題を解決するための12の重大問題領域が設定された[10]。「女性とメディア」はその1つであり，男女平等を実現する上でメディアの領域が不可避の項目として提示されたのである。

　「行動綱領」には，各領域における男女平等に向けた課題が述べられており，「J項.　女性とメディア」では，メディアの急速な発達と影響力の大きさを受けて，以下の2つの目標を提示してい

る⁽¹¹⁾。

戦略的目標 J1. メディアと新しいコミュニケーション・テクノ
ロジーにおいて，またそれらの活用を通して，表現と意思決定
への女性の参加とアクセスを拡大すること。

戦略的目標 J2. メディアの女性表現を調和のとれたステレオタ
イプではないものにする（メディア内容におけるジェンダーの平
等と公正の推進）。

　戦略的目標 J1 では，メディアで働く女性の少なさ，パソコンな
どのメディア利用における男女格差といった状況を踏まえて提起さ
れたものである。戦略的目標 J2 にあるステレオタイプとは，「紋切
型の，型にはまった画一的な表現」のことである。「女性は家事を
担い，男性は外で働く」といった男女の伝統的で固定的な役割の提
示もその１つである。このようなステレオタイプな表現は，男女の
役割を限定し，否定的，時には差別的であるとして1970年代より批
判の対象とされてきた。近年では育児をする男性や仕事で多忙な女
性も多く登場するなどジェンダーの役割にも変化が見られるが，依
然として伝統的な男女の役割が提示されることもある。
　「行動綱領」ではこうした戦略目標について「政府，メディア，
NGO」に対し「とるべき行動」が示されている。政府やメディア
組織に対しては，ジェンダーに関するガイドラインの作成や，女性
がメディアで働くための教育，研修の実施が挙げられている。そし
て，市民の代表である NGO もメディア問題を解決するための重要
な担い手と位置づけられている。

メディア変革に向けた市民活動——ジェンダーの視点から

　では，市民の立場からメディア問題にどのようにして関わること
ができるだろうか。以下では，先述の目標を達成するための活動と
してグローバル・メディア・モニタリング・プロジェクト（Global
Media Monitoring Project，以下 GMMP とする）を紹介する。

　GMMP は，文字どおり，世界100カ国以上の市民グループが参加
して世界のメディアを一斉にモニター調査するプロジェクトである。
具体的には，メディアがどのようなニュースを取り上げ，そこで女
性と男性がどう表現されているかを分析するものである。これまで
1995年より5年ごとに行われてきた。事務局として運営の責任をも
つのはイギリスおよびカナダを拠点に活動する国際 NGO，World
Association for Christian Communication（以下，WACC とする）[12]
である。

　このプロジェクトは，北京会議の前年にあたる1994年にその準備
会議として行われた「女性のエンパワーメントとコミュニケーショ
ン（Woman Empowering in Communication）」国際会議（タイ・バン
コク）で，世界のメディアにおけるジェンダーステレオタイプを明
らかにしようと提案された。1995年の第1回 GMMP には世界71カ
国のモニターグループが参加し，その分析結果は第4回世界女性会
議の NGO フォーラムで発表されている。

　日本では NPO 法人 FCT メディア・リテラシー研究所[13]が中心
となり1995年から参加している。1995年1月18日に実施された
GMMP 1995には，研究者だけでなくメディア組織で働く人，大学
生，教員，メディアに関心をもつ市民が参加した[14]。その後，5
年ごとに実施され，6回目となる GMMP 2020は世界116カ国から

のモニターグループの参加によって2020年9月29日に実施された。

ジェンダーの視点でメディアを読み解く

　では，GMMP の分析調査から何が明らかになるのだろうか。以下では GMMP 1995から GMMP 2020までの分析結果を用いて説明する[15]。GMMP の調査は主に，ニュースの登場人物のジェンダー割合を明らかにするものである[16]。登場人物は２つに大別され，一方はキャスターやレポーター，記者など「ニュースを伝える人物」であり，もう一方はインタビューや会見での発言者，事件・事故の被害・加害者など「取り上げられる人物」である。

　まず，GMMP の調査結果から「ニュースを伝える人物」に注目する。テレビ・ラジオのニュース番組に登場するキャスターの性別割合を見ると，1995年は女性51％，男性49％，2000年に女性49％，男性51％，2005年に女性53％，男性47％，2010年と2015年は共に女性49％，男性51％，2020年は女性51％，男性49％である。1995年の調査開始以来，キャスターの性別割合はバランスのとれたものとなっている。

　ところが，テレビ・ラジオのニュース番組および新聞におけるレポーターでは男性の割合が圧倒的に高い。1995年は女性28％，男性72％，2000年に女性31％，男性69％，2005年から2015年はいずれも女性37％，男性63％，2020年に女性40％，男性60％である。女性の割合は上昇傾向にあるものの，依然として男性の割合が高い。

　最後に，インタビューされる人や，事件の被害者や加害者などニュースで取り上げられる人物の性別割合を見てみよう（図7.1）[17]。1995年に女性17％，男性83％と圧倒的に女性が少なかったが，女性

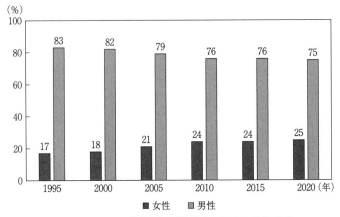

図7.1　ニュースの登場人物の性別割合：GMMP 1995-2020

の割合は2000年に18％，2005年に21％，2010年と2015年は同じく24％，2020年に25％とわずかに上昇している。しかし，女性の割合は全体の4分の1に留まっており，男女差は大きいと言える。

　先述したように，メディアは世界で起きたあらゆる出来事を取り上げているわけではなく，重要だと判断したものだけをニュースとして私たちに見せている。したがって，ニュースに登場する人物もまた選択された人物であるといえる。そう考えると，ニュースに取り上げられる人物で圧倒的に男性の割合が高いのはなぜだろうか。「取り上げられる人物」とは，具体的には専門的な見解を求められる研究者や弁護士，組織を代表する政治家や企業の社長などであり，このような立場で登場する人物には男性が多い。一方，「一般市民」としてコメント求められる人物として，デパートで買い物中の人や街中を散歩する人，学生などでは女性も多く登場する。

　なぜメディアが提示するニュースにはジェンダーの偏りがあるの

だろうか。こうした疑問をもつことが，GMMP の参加者にとって
メディアをクリティカルに分析し，積極的にメディアと関わろうと
する第一歩になるのである。

メディア・リテラシーの重要性

　GMMP にはメディア研究者や専門家だけでなく，様々な職業や
メディアに関心をもつ市民，学生が参加している。メディア・リテ
ラシー研究の第一人者であるレン・マスターマンは，「メディア・
リテラシーは重要で意義のある取り組みである。その中心的課題は
個々人，とりわけマイノリティのエンパワーメントと社会の民主主
義的構造の強化である」[18]と述べる。GMMP の活動を通して，メ
ディアをクリティカルに読み解く能力を養うことはまさに「私たち
のエンパワーメント」だと言える。

　リテラシーとは，「識字，読み書き能力」を意味する。簡潔に述
べればメディア・リテラシーとは，メディアの読み書き能力，つま
り，メディア分析とメディアによるコミュニケーションの創造とい
う両面から成る能力である。メディア・リテラシーの定義は「市民
がメディアを社会的文脈でクリティカルに分析し，評価し，メディ
アにアクセスし，多様な形態でコミュニケーションをつくりだす力
をさす。また，そのような力の獲得をめざす取り組みもメディア・
リテラシーという」と示されている[19]。クリティカルな思考力を
鍛えながらメディアを読み解く能力はメディア・リテラシーの第一
歩である[20]。このようなメディアに対するクリティカルな姿勢は，
デジタルメディアの登場によりますますメディア中心の生活を送る
私たちにとって不可欠な能力と言えるだろう。

◆◆◆◆◆◆ 課題 ◆◆◆◆◆◆

1. 私たちはメディアとどのように接しているだろうか。1日の行動を振り返り，メディアはあなたにとってどんな存在かを考えてみよう。
2. 本章で紹介しているメディアの自主基準を参照しながら，子どもにとってよりよいメディア環境とはどのようなものかを考えてみよう。

註

（1）　『広辞苑』第七版，2018年，2887頁。
（2）　林香里『メディア不信——何が問われているか』岩波書店，2017年。
（3）　NHK「日本放送協会番組基準」（http://www.nhk.or.jp/pr/keiei/kijun/index.htm）（2023年11月18日閲覧）。
（4）　松本サリン事件については河野義行『「疑惑」は晴れようとも』文藝春秋，1995年，および浅野健一監修『ドキュメント人権と報道の旅』現代人文社，1997年を参照。
（5）　放送倫理・番組向上機構（http://www.bpo.gr.jp/）（2023年11月18日閲覧）。
（6）　邦訳はFCTメディア・リテラシー研究所「子どもの権利条約 Convention on the Rights of the Child（抜粋）」（http://mlpj.org/cy/cy-pdf/med_ken.pdf）（2023年11月18日閲覧）を参照。
（7）　喜多明人・森田明美・広沢明・荒牧重人編『［逐条解説］子どもの権利条約』日本評論社，2009年，199頁。
（8）　邦訳はFCTメディア・リテラシー研究所によるものであり，鈴木みどり編『最新 Study Guide メディア・リテラシー［入門編］』リベルタ出版，2013年，121頁を参照。ここでは抜粋して紹介している。
（9）　鈴木，同前書，122頁。
（10）　内閣府男女共同参画局「第4回世界女性会議行動綱領」（https://www.gender.go.jp/international/int_standard/int_4th_kodo/index.html）（2023年11月18日閲覧）。

(11)　邦訳は，鈴木みどり編『Study Guide メディア・リテラシー ［ジェンダー編］』リベルタ出版，2003年，165-166頁。

(12)　WACC（https://waccglobal.org/）（2023年11月18日閲覧）を参照。

(13)　NPO 法人 FCT メディア・リテラシー研究所（http://www.mlpj. org/）（2023年11月18日閲覧）を参照。

(14)　第 1 回 GMMP については報告書，MediaWatch ed., *Global Media Monitoring Project: Women's Participation in the News*, MediaWatch, Canada, 1995. を参照。

(15)　Macharia, Sarah ed., *Who Makes The News?: 6th Global Media Monitoring Project*, WACC, 2021（http://www.whomakesthenews.org）（2023年11月18日閲覧）を参照。

(16)　ネットニュースは GMMP 2010 では試験的に分析が行われ，GMMP 2015から本格的に分析対象となった。また性別割合では男女に限らずジェンダーマイノリティも調査項目にあるが数字としては表れていない。

(17)　図 7.1 は前掲書，17頁を元に筆者作成。

(18)　Masterman, Len, Media Awareness Education: Eighteen Basic Principles, Center For Media Literacy, 1989（https://www.medialit.org/reading-room/media-awareness-education-eighteen-basic-principles）（2023年11月18日閲覧）.

(19)　鈴木編，前掲書，2013年，17頁。

(20)　坂本旬『メディアリテラシーを学ぶ──ポスト真実世界のディストピアを超えて』大月書店，2022年。

（登丸あすか）

第Ⅲ部　人と人・自然との共生

——共生とストレス——

第**8**章
環境保護の思想

　本章の目的は，地球環境問題が叫ばれる現状の中，全ての人を賄うだけの食糧を供給し，資源を地球生態系の物質循環速度の範囲で利用し続けること，そして，次世代の生き物たちへ素晴らしい地球の環境を受け渡すこと，すなわち，持続可能な社会づくり，自然環境との共生のあり方を探求するヒントを，過去から現在に至る環境思想から学びとろうとするものである。

　具体的には，環境倫理，環境思想の歴史を紹介する中で，西洋的・東洋的環境思想や人間中心主義的環境論，自然中心主義的環境論の考え方に触れ，人と自然の共生について見つめ直すことを目的としている。

1　人と自然の共生思想を学ぶ

地球の現状

　地球は急増する人口を抱え困惑している。全ての人を賄うだけの食糧を供給し，資源を地球生態系の物質循環速度の範囲で利用し続けること，そして，次世代の生き物たちへ素晴らしい地球の環境を受け渡すこと，これこそが私たちの時代の最大の課題である。

　私たちが住むこの現代のグローバル経済の特徴は一体どのようなものだろうか。最大の特徴は，人口増と自然界の地球維持メカニズムを無視した大量生産・大量消費・大量廃棄である。この経済システムによって私たちはあらゆる物を安く大量に手に入れ，技術を進歩させ，社会・経済基盤を確立し，便利で快適な生活，物質的な豊かさを謳歌してきた。そして今，先進国だけではなく多くの開発途上国も経済的豊かさを求めて同じ道を歩もうとしている。

　この地球規模で進む，かつてない人口と経済活動の増大が，生態系などの環境に深刻な影響を与えている。人間と他のすべての生き物を支える地球生態系の能力は極端に低下している。世界の人々を養う食糧生産は限界に達している。熱帯雨林の多くも壊滅寸前である。大気中の二酸化炭素濃度はこの16万年で最高レベルに達している。このような傾向が続けば地球自体の存続も危ぶまれる。

　このような時代から一刻も早く脱却し，資源を取り尽くすことのない安定した社会，すなわち共生社会への転換が望まれている。

人と自然の関係──西洋的・東洋的環境思想

「自然」とは何か。「自然とは自ら存在するもの」「人為的ではないもの」「ヒトや生物，生息環境を含む素粒子から宇宙の世界」「神の被造物」といった意味をもつ用語である。すなわち，それを論ずる立場により意味・表現が異なる。以下，西洋的・東洋的環境思想を考察することで，人と自然の関係から「自然との共生」を考えてみる。

オーストラリアの哲学者ジョン・パスモア（1914-2004）は，旧約聖書では，世界の全ての生き物に食べ物が与えられ，ノアの洪水後に全ての生き物が世界に増え広がるように教えていることから，この段階では動物の運命を完全に人間に委ねたわけではないと考えた。一方，「創世記」において，アダムはエデンの園では菜食主義であったが，神の知恵を奪取して，自分たちが神のようになろうとしたことから動物を支配し殺して食べるようになり，人間の堕罪が始まったとする[1]。キリスト教の概念が隆盛すると，自然そのものも万物の創造主たる神の創造物と考えられるようになっていく。それ以来，西洋では，自然は人間同様，神に従属する立場となり，自然は人間に利用されるようになる。

キリスト教的自然観は西欧の精神文明に，人間に自然の支配者としての地位を与え，人間中心的な自然観を確立させた。この現実は，旧約聖書の創世記における神の言葉が根拠として引用される。神は，人間を創造し，「産めよ，増えよ，地に満ちて地を従えせよ。海の魚，空の鳥，地の上を這う生き物を全て支配せよ」と命じたとある。一般的な理解としては，人間以外の自然物は人間のために神により創造されたというものであったといえる。ここから，人間中心的な

自然観が生まれることになった。

　一方，仏教においては，神と自然と人間は対立する概念ではなく，本来一体なものであると考えられてきた。仏教哲学では「自然」を「じねん」と読み，「おのずから，なるべきものになる」「人為が加わらずあるがままである」というような意味がある。自然（しぜん）という言葉は，明治以降に英語の Nature という概念が入ってきた際に訳語として使用されるようになったが，それ以前には日本には自然（じねん）という概念があった。

　東洋においては，自然は霊，神的なものとして考えられることが多い。また，人間は自然の一部であると考える文化も多く見受けられる。そのような文化においては，自然は畏敬，尊敬の対象であり，自然と調和する生き方がより良いと考えられてきた。この考えは，現代においては，人々は自然の循環する仕組みに配慮しつつ，資源は使い切らない範囲で利用し，次世代に伝えていくべきだという持続可能な社会思想につながっていると考えられる。日本における里山は，このような伝統的環境倫理のおかげで，荒廃の程度が比較的最近まで抑えられてきた。

20世紀初頭の環境思想

　19世紀は，自然保護思想が生まれて自然保護活動が始まった時期である。現存するナショナル・トラストやシエラクラブなどの環境保護団体もこのころから成立し始めた。シエラクラブはアメリカに本部を置く自然保護団体で，ジョン・ミューアー（1838-1914）が初代会長となり，1892年に創設された。これまでも自然を尊重し愛護するような自然観は存在してきたが，環境破壊の反動として現れてき

たのがこのころであると考えられている。そして，環境倫理の思想がいくつか芽生え，科学技術に裏づけされた発展・開発重視の思想との対立，環境保護思想同士の対立により，論争も始まった。

　人間は「自然との共生」という課題に対し，どのような考えを抱いてきたのだろうか。環境倫理学の分野で近年まで長くテーマとされてきた人間中心主義と非人間中心主義の対立もその１つであった。

　「人間中心の立場（人間中心主義）」と「人間を含めた生き物としての立場（非人間中心主義）」，この２つの思想は歴史の中での様々な場面で激しく対立してきた。20世紀の冒頭，1908年，アメリカで重大な環境論争が交わされている。これが，植物学者，探検家，作家として有名なジョン・ミュアーと森林局初代長官のギフォード・ピンショー（1865-1946）の，ヘッチヘッチー・ダムの建設を巡る論争である。ミュアーにとっての自然とは原生自然を意味していた。自然は神が創り出したものであり，原生自然を構成する一員として人間が存在していると考えた。原生自然は手付かずのまま保存されるべきであり，ヘッチヘッチー峡谷にダムを造ることは，神に対する冒とくであったのである[(2)]。

　一方，ピンショーにとっての自然とは地球とその資源そのものであり，環境保護とは地球とその資源を人間の永続的な経済発展のために開発・利用すべきであるという「ワイズユース」を唱えている[(3)]。したがって，市民に水や電力を供給するためにダムを造ることは，彼にとっては自然の正しい利用の方法であった。結局，この「実利主義」とよばれた保全思想が繁栄を急ぐ国，国民に受け入れられミュアーの思想を凌駕し，テネシー川やコロンビア川の水資源開発に代表される大規模自然改変を支えるイデオロギーとなったの

である。

　しかし，ミュアーの努力は国立公園という形で将来世代に残されている。1890年にはヨセミテ国立公園の制定が国会で承認され，以降相次いでセコイヤ，グランドキャニオン等の国立公園の制定に携わり，「国立公園の父」とまでよばれるようになった。1903年には時の第26代大統領セオドア・ルーズベルトがミュアーの愛したヨセミテを訪れ2人きりで3泊4日の旅をしている。ここでの親交が5つの国立公園と23の国立記念物の指定を実現させることとなる。

　ミュアーの思想は，人間中心主義から非人間中心主義への転換を説く実践型の環境保護思想「ディープ・エコロジー」へと発展していくのだが(4)，この2つの思想は人と人とが論争する際に顔を出すだけでなく，私たち一人ひとりの心の奥底の世界に隠されている相容れない思想なのである。そのため，自然や生物多様性を守るという考えや行動は，ある面からは美徳化され（非人間中心主義），他の面からは偽善化される（人間中心主義）こともある。

　ミュアーやルーズベルトは「環境保護の流れ」を系統立てることとなったが，彼らの思想を形作ったのはラルフ・ウォルドー・エマーソン（1803-82）そしてヘンリー・デヴィッド・ソロー（1817-62）であるといわれている。1803年生まれのエマーソンは牧師を経て創作活動に従事するようになる。当時のアメリカは開拓の時代であり，自然は切り開く対象と考えられていた。しかし彼は，自然と人間の密接な関係の必要性を人々に説いて回った。

　一方のソローは，28歳のときにボストン郊外のコンコードのウォールデン湖のほとりで26カ月に及ぶ簡素な森の生活を始める。これは自給自足の生活，そして，そこでの様々な生活実験を通し，自然

と人間の精神的つながりや人生の意義などについての答えを模索するための取組みであった。この体験は、『ウォールデン──森の生活』（1854年）の第1章「衣食住の基本問題」から18章「こうしてぼくの森の生活が終わった」から構成されている有名な著作にまとめられている[5]。

　1960年代に入ると、従来の運動とは全く異なる新しい環境保護運動が展開されるようになる。自然環境ならびに野生生物の命を人間自らの思想で操ることに疑問を抱き始めた多くの人間が、実利主義的思想から脱却することになる。自然環境と自分自身の関わりが明らかになるにつれて、人は生態系を構成する一員にすぎず、全階層の生き物が暮らしていくことのできる社会の中でしか生きてはいけないという危機感が高まってきた。そして、人間の活動ができるだけ自然の物質循環を損なわないように配慮し、環境を基調とする社会システムを構築していく経済社会、すなわち、持続可能な共生社会の構築の気運が高まることになる。こうした認識を説得力あるものにしたのが、生態学的知見の発達やその普及であった。

2　1960年代以降の環境思想

環境倫理学の芽生え

　環境倫理学は、環境問題は基本的には人間の行動に依るところが大きく、個人の行動の規範となる倫理が重要であるという立場に基づき、環境問題の改善に対して倫理学的観点から考察する学問である。倫理学においては応用倫理学の一部門、環境学にとっては関連分野の一部として扱われる。応用倫理学は、生命倫理学、医療倫理

学，環境倫理学，政治倫理学，経済倫理学，情報倫理学，社会と人権（人種差別，ジェンダー，動物の権利など），企業倫理学などを抱合する。

　アルド・レオポルド（1887-1948）は，人間中心主義を超えた生命中心主義的な倫理を唱えた先駆的な思想家である。1949年に『野生のうたが聞こえる』に収録されている「土地理論」という論文の中で，人間と自然との関係を「支配―被支配」ではなく，生態学的に平等関係であり，人間も生物の集団の一員にすぎないのだという倫理を提唱した[6]。さらに，自然保護とは人間と土地（生態系）との間に調和が取れた状態のことであり，環境とは人間が支配するものではなく，人間の所属する共同体であると考えた。彼は，倫理とは「生存競争における行為の自由に対して制限を課すこと」であり，環境倫理とは「人間の行為が自然に影響を及ぼす場合に，人間の行為の自由に制限を課すもの」であると考えた[7]。

　1960年代，経済成長に伴う先進国の環境破壊が問題となり，レイチェル・カーソン（1907-64）が1962年に出した『沈黙の春』が一般の注目を集めるようになる。化学薬品の大部分が「自然と人間の戦い」で使われることを述べ，一体何のために自然を破壊するのか，自然の征服という勝手な理屈を作り出し思い上がっていた人間自身を見直す必要があることを説いた[8]。内燃機関，原子力，化学薬品などの科学技術の発達，指数関数的な人口増加などが繁栄の印とは考えられなくなり，逆に近代の破壊ととらえられるようになった。

　1968年，アメリカの技術史家リン・ホワイト・ジュニア（1907-87）は『機械と神』の中で，地球規模で起きている環境問題は人類の存続を脅かしており，科学や技術の無制限な開発によりも

たらされたものであるとし，自然破壊の根源に「人が自然を支配する」というキリスト教的な人間中心主義があるとし，人と自然の二元論によって宿命づけられていると論じた[9]。リン・ホワイト・ジュニアは人間中心主義からの脱却の哲学的な可能性に関して問題を提起した。西洋は自然を支配し，東洋は自然と共存するという観念が，ここで固まったと考えられる。彼は，自然環境に対して人間は何を成すべきなのか，また自然に対する人間の関係についてどのように考えるのかが重要であるとし，自然環境に対するわれわれの行動を変革するためには，自然と人間の関係についての人間の考え方をまず変革しなければならないと説いた[10]。

　この観念に反論したのが，ジョン・パスモア（1914-2004）である。彼は1974年の著書『自然に対する人間の責任』で，キリスト教的世界観では自然の支配者として人間が存在するのではなく，自然のsteward（羊飼い）として支配下にある動植物の世話をするという考えがあるという「スチュワード精神」の概念を提唱した[11]。ホワイトが人間中心主義からの脱却を目指したのに対し，パスモアは自然に対して羊飼いとしての人間という人間中心主義的な環境保全のあり方を提示した。

　パスモアは，「保存」と「保全」の定義づけを行う。すなわち，保全の思想は，自然環境は人間のためにあるとみなし，人間の将来の消費のために天然資源を保護するということになる[12]。これに対して，保存の思想は，自然環境それ自体に価値が備わっているとみなす。すなわち，生き物や原生自然は人間の活動を規制してでも保護しようという考えである。保存の源流は18世紀のロマン主義に端を発し，エマーソン，ソローといったロマン主義の流れをくむ超

越主義である。

実践型環境保護思想——ディープ・エコロジー

　1972年，環境問題を主たるテーマとする初の国際会議である「国連人間環境会議」が開かれた。これを機に環境問題が国際的な問題として扱われるようになっていく。同年にはローマ・クラブが『成長の限界』を発表し，人口増加と環境破壊が進むことで経済成長の限界に直面すると警鐘を鳴らした。環境倫理学という言葉が生まれたのは1970年代の欧米であり，このころから倫理学の中で環境倫理が論じられ始めた[13]。

　環境倫理学は，特にアメリカなどアングロ・サクソンの諸国で展開されてきた。経済成長に伴う環境破壊が大きな問題として認識された時代に，人間と人間以外の生物との関係を倫理的な関係の中でどう考えていくのか，自然の価値をどのように考えていけばよいのかという哲学的な考察を開始していた。

　環境倫理は，一般的には「経済か環境か」「開発か環境か」といったように，人間と自然の対立の構図で論じられ，人間中心主義への反省や批判で始まり，非人間中心主義に立って環境問題の解決を図る思想へと変化していく。そして，非人間中心主義はいくつかの相違によって様々な主義主張に分化していく。

　クリストファー・ストーンは，1972年に発表した論文『樹木の当事者適格—自然物の法的権利について』で「自然物の当事者適格」を主張した。これは，適切な人間が代理人になることによって，森や海，川などの自然物が法的権利を主張することができる権利をもつとする思想である[14]。

　1973年には，アルネ・ネス（1912-2009）が宣言した『ディープ・エコロジー』の中で，「すべての生命存在は人間と同等の価値を持つため，人間の利益のために人間が生命の固有価値を侵害することは許されない」という倫理が展開される[(15)]。ディープ・エコロジーにとって，環境保護は，それ自体が目的であり，人間の利益は結果にすぎないと考える。アメリカの西海岸を中心としてディープ・エコロジー運動の旋風が巻き起こる。

　「ディープ・エコロジー」とは，エマーソン，ソロー，ミュアーなどに代表されるアメリカの伝統的な自然保護思想を背景に，1960〜70年代のエコロジー運動の影響を強く受けて成立した哲学的思想のことである。1980年代アメリカを中心に盛り上がりを見せている。

　アメリカ西海岸ではカウンター・カルチャーとよばれる若者が牽引する反体制的な運動が隆盛を極めていた。今までに形作られてきた文化の潮流に対する反発であると同時に，背景にある強固なモダニズム的価値観への批判という側面を持つ。特に先鋭的なものは「アンダー・グラウンド（アングラ）」とよばれることもある。このカウンター・カルチャーの波に乗り，道元の禅や鈴木大拙の禅，福岡正信の「自然農法」などの東洋思想やインドのヒンズー思想，ネイティブ・アメリカンの思想などが強く影響を与えている。さらにそのルーツをたどると，宮澤賢治，南方熊楠などを経て，はるか近世の日本における思想にまで行き着くのである。そのような「ディープ・エコロジー」が1990年代の日本にも逆輸入され始めている。

　アルネ・ネスは，エコロジー運動を「浅いもの（シャロウ）」と「深いもの（ディープ）」に分類し，「深いもの」すなわち，「ディー

プ・エコロジー」の重要性を説いている[16]。「ディープ・エコロジー」とは，人間中心主義から非人間中心主義への転換を説く実践型の環境保護思想である。「環境問題の解決には現代の社会経済システムと文明を変革することが不可欠であり，その実現に向けては，西洋の自然支配主義から生命相互が共生する社会へ変換することが重要で，人と自然のつながりを感じ取り，生きることの真の意味を問い，ライフスタイルを変換することにより，正しい世界観を再発見することなしには解決されない」とするものである。具体的には，

- ・ウィルダネス（原生自然）に触れ，そのエネルギーを感じ取ること。
- ・自分たちが暮らす地域の自然を真剣に見つめ，その地域独自の自然に適応したライフスタイルを構築すること。

などを求めている[17]。前者は「スピリチュアル・エコロジー」[18]や「トランスパーソナル・エコロジー」[19]へ，後者は，「バイオ・リージョナリズム」[20]とよばれる思想へと発展していく。

　「ディープ・エコロジー」で重要なことは，「自然とわたしの関わりとは」「自然の中に生きる私とは」「どのように自然と関わりを持つべきなのか」といった精神的に深い問いかけを繰り返し，その過程で得た答えを実行に移していくプロセスである。

　一方，「シャロウ・エコロジー」とは，「環境保護への意識を唱えるだけの非現実的エコロジー」や「先進国に住む人々の健康と繁栄を持続するために環境汚染と資源枯渇に反対するうわべだけのエコロジー」思想のことで，環境問題を最終的な解決には導かない取組

みを意味している[21]。

　環境問題を引き起こした現代文明，経済システムに対する思想的な反省が「ディープ・エコロジー」という潮流に乗り，先進国の特に NPO を中心に広がりを見せつつある。

3　ディープ・エコロジーの限界

ソーシャル・エコロジーからの批判

　「ディープ・エコロジー」の思想では，「現在の先進国に住む人々が享受している生活レベルや思想，社会制度などを継続，あるいは大きな変更を加えないことを大前提として“環境問題”を解決しようとしている点」に大きな欠点があるといわれている。このような中，「ディープ・エコロジー」に対して先鋭的な批判を行い衝撃を与えた思想が「ソーシャル・エコロジー」と「エコ・フェミニズム」である。

　ソーシャル・エコロジーとは人間社会に階級が存在するかぎり，一部の人間による自然支配は続くと主張する思想であり，私たちの内面の宇宙観や人生観，価値観こそが環境問題の根本であると考える「ディープ・エコロジスト」に対し，私たちが暮らす社会構造こそが根本問題であると考えるマレイ・ブクチン（1921-2006）の影響下に誕生した思想である[22]。

　西欧の合理主義と産業第一主義が自然環境を破壊し，生命を抑圧する支配の構造を作り上げてきた。これは女性や少数民族を差別してきた歴史と同じ根を持っている。「ディープ・エコロジー」は人という種が環境問題を引き起こしたというが，環境問題を解決する

ためには，植民地支配，第三世界搾取，性差別（ジェンダー）など
の支配構造を明確にし，人間が他の人間を抑圧し搾取するような構
造「人間による人間支配」を根本的に是正することが重要である。
なぜならば，人は様々な制度，組織を通して他の人間と関わり，そ
して自然と関わっていくからである。この点を見逃してはいけない
と批判している。ジェンダーとは，社会的・文化的に形成された性
別のことで，「女とは，男とは」という通念を基盤にした男女の区
別として用いられる。

　一般的に「フェミニズム」とは「男女同権を実現し性差別的な抑
圧や搾取をなくす運動」と解釈される。1960年代から70年代にかけ
て，西欧諸国でフェミニズムの運動が隆盛を極めていく。この運動
を第二派フェミニズムとよんでいる（第一派は19世紀から20世紀初頭
にかけての女性参政権運動をいう）。

　フェミニズムの影響力はエコロジー，自然保護にも及び，「エ
コ・フェミニズム」とよばれるようになる。これは，一言で表現す
れば「女性の立場から環境問題を根本的に見直そう」という思想で
あり，1974年にフランスの作家であるフランソワーズ・ドボンヌ
（1920-2005）により提唱された思想である[23]。この思想の背景には，
1892年，「環境破壊を解決するためには，一人ひとりのライフスタ
イルを見直すことが大切である」と進歩的な考え方を説いたヘレ
ン・スワローや，レイチェル・カーソンたちのエコロジー運動など，
女性からの発言が大きく影響している。

エコ・フェミニズムからの批判

「エコ・フェミニズム」は現在の環境問題を引き起こした根本を

西欧の合理主義と産業第一主義にあるとし，その背景には，自然を
支配し搾取し，女性を支配する哲学と価値観を作り上げた「男性」
の存在があると考える。この思想によれば，環境破壊問題と男性の
女性支配の問題は同根となる。人間による自然支配の構造と男性に
よる女性支配の構造が同根である以上，この支配の構造を解消しな
い限り環境問題も解決しない，という主張に行き着いたのである。

　男性による女性支配と男性による自然支配が同根であるという思
想は，1980年のキャロリン・マーチャント（1936-）の『自然の死』
により体系づけられ，アメリカのエコ・フェミニズム運動を牽引し
てきたイネストラ・キングに受け継がれていった⁽²⁴⁾⁽²⁵⁾。

　キングは，地球の環境破壊と核による人類滅亡の脅威の背景には，
過去から綿々と継続されてきた男性優位社会，すなわち家父長制度
があるとし，「家父長制度によって支えられてきた男性社会にとっ
て自然は対象化され，支配者とは異なる他者として従属させられる
ようになっていく。自然と同一視される女性も同様に対象化され従
属させられてきた。女性と自然は男性社会からは他者として扱われ
てきた」と考える⁽²⁶⁾。

　「エコ・フェミニズム」は欧米の先進諸国の女性により活動・展
開されてきた。1970年代にはインドの女性たちが木に抱きついて木
を伐採から守ろうとする「チプコ」とよばれる運動などが活発とな
り，第三世界の女性たちの環境保護運動へも思想は影響を与えてい
る。

　この「エコ・フェミニズム」思想が「ディープ・エコロジー」を
「社会問題を切り捨てている思想」として真っ向から批判したので
ある。「ディープ・エコロジー」では，人間中心主義を批判しなが

ら「環境破壊となる行為をしなければ生きてはいけない貧しい国々の人々をどう考えているのか」といった点に思想の限界があり，その思想を「社会問題を切り捨てている」としている。「ディープ・エコロジー」が説くように「人類が環境を破壊してきた」のではなく，正しくは「人類の内の先進諸国の男性」が破壊し続けてきたのであると考える。自然と共生してきたがために差別されてきた先住民や女性までをも環境破壊をしてきた人間に含めようとする思想には，大きな誤りがあることを指摘している(27)。

　「ディープ・エコロジー」の思想は，東洋の思想を取り込みながら西欧諸国の人々，特に中産階級の白人男性を中心に形成されていく。この事実に思想の限界を感じ取る人たちがいる。

　この思想は「社会の仕組みを改革することにより環境問題を解決するためには，私たち人類の心のあり方を成熟させることにより内側から解決させていこう」という点に特徴を有すが，この内面的思想は，ともすれば現代の経済システムや環境開発を批判し産業都市を捨て田園や森の中に生きることを夢見ている人たちの集まりとみなされる。その結果，精神世界に入り込んでしまい思想のまま自己を凍結させ社会の現実を直視していない思想と批判されるのである。

　「ディープ・エコロジー」が将来に生き残れるのかは，内面的思想を具体的なエコロジーの実践活動と関連付けることができ，エコ・フェミニズムの思想の長所を取り込むだけの柔軟性を有したときであろう。

◆◆◆◆◆◆ **課題** ◆◆◆◆◆◆

1．人は自然との共生が必要なのか。西洋的・東洋的環境思想から考えて

みよう。

2．科学技術の発達は，人間の幸せにとって大切なのかを考えてみよう。

註

（1）　ジョン・パスモア著，間瀬啓允訳『自然に対する人間の責任』岩波書店，1998年。

（2）　ジョン・ミューア著，熊谷鉱司訳『1000マイルウォーク緑へ――アメリカを南下する』立風書房，1994年。

（3）　Roxi Thoren, *Deep Roots: Foundations of Forestry in American Landscape Architecture*, Scenario 4, Journal, 2014（https://scenariojournal.com/article/deep-roots/）（2023年11月18日閲覧）.

（4）　森岡正博「ディープ・エコロジーの環境哲学――その意義と限界」，伊東俊太郎編『講座文明と環境14　環境倫理と環境教育』朝倉書店，1996年。

（5）　ヘンリー・デイヴィッド・ソロー著，飯田実訳『ウォールデン――森の生活』岩波文庫，1995年。

（6）　アルド・レオポルド著，新島義昭訳『野生のうたが聞こえる』講談社，1997年。

（7）　レオポルド，同前書。

（8）　レイチェル・カーソン著，青樹簗一訳『沈黙の春』新潮社，1974年。

（9）　リン・ホワイト著，青木靖三訳『機械と神――生態学的危機の歴史的根源』みすず書房，1999年。

（10）　ホワイト，同前書。

（11）　パスモア，前掲書。

（12）　パスモア，同前書。

（13）　ドネラ・H・メドウズ著，大来佐武郎訳『成長の限界――ローマ・クラブ人類の危機レポート』ダイヤモンド社，1972年。

（14）　淡路剛久・川本隆史・植田和弘・長谷川公一編『リーディングス環境　第1巻　自然と人間　クリストファー・ストーン「樹木の当事者適格

——自然物の法的権利について」』有斐閣，2005年。

(15)　アラン・ドレングソン／井上有一共編，井上有一監訳『ディープ・エコロジー——生き方から考える環境の思想』昭和堂，2001年。

(16)　アルネ・ネス著，斎藤直輔・開竜美訳『ディープ・エコロジーとは何か——エコロジー・共同体・ライフスタイル』文化書房博文社，1997年，32-33頁。

(17)　ネス，同前書，48-50頁。

(18)　トマス・ベリー著，浅田仁子訳『パクス・ガイアへの道——地球と人間の新たな物語』日本教文社，2010年。

(19)　ワーウィック・フォックス著，星川淳訳『トランスパーソナル・エコロジー——環境主義を超えて』平凡社，1994年。

(20)　プーラン・デサイ，スー・リドルストーン著，塚田幸三・宮田春夫訳『バイオリージョナリズムの挑戦——この星に生き続けるために』群青社，2004年。

(21)　ドレングソン編，前掲書。

(22)　マレイ・ブクチン著，藤堂麻理子・戸田清・萩原なつ子訳『エコロジーと社会』白水社，1996年。

(23)　淡路剛久・川本隆史・植田和弘・長谷川公一編『リーディングス環境　第3巻　生活と運動　フランソワーズ・ドボンヌ「エコロジーとフェミニズム」』有斐閣，2005年。

(24)　キャロリン・マーチャント著，川本隆史訳『ラディカルエコロジー——住みよい世界を求めて』産業図書，1994年。

(25)　キャロリン・マーチャント著，団まりな訳『自然の死——科学革命と女・エコロジー』工作舎，1985年。

(26)　イネストラ・キング著，丸山久美訳「傷を癒す——フェミニズム，エコロジー，そして自然と文化の二元論」，小原秀雄監修『環境思想の系譜3　環境思想の多様な展開』東海大学出版会，1995年，186-190頁。

(27)　森岡正博著「エコロジーと女性——エコフェミニズム」，小原秀雄監修『環境思想の系譜3　環境思想の多様な展開』東海大学出版会，1995

年，152-162頁。

（中山智晴）

第9章
人と自然の共生関係を学ぶ

　　本章は，地球上に誕生した生物の進化の歴史を探求することで，
人間と自然との共生のメカニズムを理解する。
　　そして，自然界においては，競争の時代を越え，他の生き物と共
に生きる道を選んだもの，すなわち相利共生の関係こそが，多くの
生き物を共存させる大きな要因であることを学び，今後の人と自然
の共生のあり方を，自然界の共生のメカニズムを参考に考えること
を目的としている。人と自然の共生関係を学ぶことは，私たち人間
が将来の地球に対し，どのような責任をもって暮らしていけば良い
のかを教えてくれる。そして，人と人のより良い関係性にヒントを
与えてくれる。

1　生命の進化を学ぶ

生命の誕生

地球上に存在する生命は，いつ，どこで，どのようにして誕生したのであろうか。この問いかけと説明は，古くは神話において，また様々な宗教において行われ現在に至っている。

旧約聖書において，全知全能なる神エホバによる世界の創造を意味する天地創造には，

1日目　暗闇の中，神は光を造り，昼と夜を造られた。
2日目　神は大空（天）を造られた。
3日目　神は海と陸を分け，陸に植物を造られた。
4日目　神は太陽と月と星を造られた。
5日目　神は水の生き物（魚）と空の生き物（鳥）を造られた。
6日目　神は獣と家畜と，神に似せた人を創造された。
7日目　神は作業を終えて休まれた。

とある。では，科学の分野では，どのように考えられてきたのであろうか。

科学は天文学と物理学を中心とし，その起源に答えを得ようとしてきたが，近年における生物学の発展により，科学的な生命誕生，進化の過程が明らかになりつつある。生物学においては，どのような歴史が繰り広げられてきたのであろうか。

古代ギリシャにおいては，万物の起源・根源である「アルケー」

154

とは何かという考察が行われていた。それと同様に，哲学者による
生物の起源に関する考察も行われた。なかでもアリストテレスの
「自然発生説」は，19世紀までの2000年間も支持されてきたもので，
「無機物から生命が誕生する」，すなわち，「生物は親がなくても無
生物から自然に発生する。そして，生物は天体と同じように永遠で
不変のものである」という考えが支持されてきた。

　19世紀になると，新たに誕生した科学者という職業人たちも同様
の考察・研究を行い，生命の起源の仕組みを科学的に説明しようと
する試みが多く行われてきた。そして，「白鳥の首フラスコ」を使
った微生物の発生に関する実験的証明が始まり，1861年のルイ・パ
スツール（1822-95）の著書『自然発生説の検討』が出版されるに
至り，自然発生説がほぼ完全に否定され[1]，現在地球上に見られる
生物は，生物からしか生まれないことが証明された。

　それでは，最初の生命はどこから生まれたのか。この問題は，宇
宙誕生と同様，大きな命題となった。「化学進化説」に従う原始生
命体の誕生が有力な学説とされてきた。アレクサンドル・オパーリ
ン（1894-1980）は，1936年『生命の起源』の中で，地球誕生から冷
却されたばかりの原始地球の大気組成を想定し，メタン，アンモニ
ア，水素などを含む大気に放電（落雷）を行うことで，アミノ酸，
糖などの有機分子を生成し，これらの有機成分が結合しタンパク質
や核酸などになり原始細胞が誕生したと考えた[2]。これが初期の
「化学進化説」の概要である。さらに，1953年，スタンリー・ミラ
ー（1930-2007）は，フラスコの中に原始の海にたまった海水を模し
た水，メタン，アンモニア，水素を密封し，これを常時加熱（熱い
地球）し沸騰させることで水蒸気を放出させ，そこに放電（落雷）

する「ミラーの実験」を行った。この実験を1週間にわたって継続したところ，溶液は黄色から赤色に変色し，その中から7種類のアミノ酸を確認した[3][4]。原始地球の環境で，最初の有機物が合成される可能性を指摘した衝撃的なものであった。最近では，深海の熱水噴出孔での有機物合成が生命の起源ではないかとの研究成果も発表されている。

生命の進化

現在，生物学の領域における仮説の多くは，1859年に出版されたチャールズ・ダーウィン（1809-82）の『種の起源』での進化論を適用することによって，おそらく最初に単純で原始的な生命が生まれ，その後，全ての生物種が共通の生命から長い時間をかけて，「自然選択」のプロセスを通して進化したのだろうと推測している。この「自然選択説」は1859年に体系化され，現在でも進化生物学の基盤のひとつである。自然選択とは，生物種の起源，変化，絶滅のメカニズムを説明するものであった。厳しい自然環境（気候，食料資源など）が，生物に起こる突然変異を選別し進化に方向性を与える。有利な変異を有する生き物は競争に勝ち残り繁殖する。その結果，次の世代にはその性質を有する生き物の頻度が高まる。自然環境により適応した生き物に有利に働く結果，新しい生物種は徐々に進化を遂げていく。すなわち，生きる力のあるものが生存競争に勝ち残り，競争に敗れたものは滅びていくという適者生存，生存競争の関係が成立するという考えである[5][6]。

ダーウィンは，道徳起源説である1871年の著書『人間の進化と性淘汰』において，人間と動物の精神的，肉体的連続性を多数示すこ

とで，人は動物であることを論じた。われわれの種も自然の一部であることを提唱したのである[7]。

　その後，1927年に出版された『Animal ecology（動物生態学）』でチャールズ・エルトン（1900-91）は，生態学という科学が示す自然観，すなわち諸関係によって１つに統合された自然という理解を表現してみせた[8]。生物学は生物や生命現象を研究する科学であるが，生態学は生物相互の関係や，生物と環境の関係を研究する学問である。

　エルトンは，生物群集が食物連鎖によってつながっていること，食物連鎖を構成する各種類の個体数を図形で表示すると，生態系構造を生態ピラミッド形に現すことができること，生態的地位（ニッチ）といった重要な原理を解説している。そして，アウグスト・ティーネマン（1882-1960）が経済学の概念を応用して，植物と動物は１つに結びつき生物共同体（バイオ・コミュニティ）を成し，その中でも，植物は「生産者」，動物は「消費者」に，さらに動物は「草食動物」「雑食動物」「肉食動物」などに分かれ，菌やバクテリアといった「分解者」が集まり，互いに競合しながら生命を維持する共同体を形成していることを論じた[9]。

　1935年には，アーサー・タンズリー（1871-1955）が「生態系」を定義し，生態系というものはすべて食物連鎖と栄養素が繰り返し再循環することを特徴とするものであることを論じ[10]，1942年には，レイモンド・ローレル・リンデマン（1915-42）は「栄養段階」の概念を導入する[11]。さらには，植物と動物といった生き物は，それぞれが階層を持ち，個体が集まり個体群を形成し，個体群が集まり群集を，そして生態系を構成しているという有機的システムの中

で生きているという群集生態学を体系的にまとめたのがユージン・オダム（1913-2002）である[12]。植物や動物などの生き物は，それぞれが有機的つながりの中で相互に関係し生かされているという共生する生き物の姿が浮き彫りとなったのである。

　以上のように，旧約聖書では，世界は全能の神が創造した完全に調和の取れたものであるが，ダーウィンやエルトン，オダムらによって「個々の生物種は完全かつ不変である」「個体数は不変である」との考えは否定されたと言える。

　ダーウィンとエルトンの生態学に従えば，自然の姿は巨大な機械ではなく，強大な有機体ではないかと考えられる。銀河系の大宇宙から量子の小宇宙，その間にある地球という階層を成し相互に関係している。その中で，植物や動物などの生き物は相互に依存し関係を有しながら生かされている。さらには，人間の社会も，家族，民族，国家，そして人類など様々な階層が存在しているが，それらに加えて，幾多の生物共同体が重なり合って階層を成す世界の一員であることが理解される。つまり，私たちは，地球という生物地域（バイオ・リージョン）の成員であり，生物共同体の成員であり，地球という生態系の一員であり，共生する宇宙，共生する地球，共生する生物の中に属する一員であると考えられるのではないだろうか。アルド・レオポルドは，生物共同体の生態学（コミュニティ・エコロジー）から道徳的な意味を導き出し「土地倫理」を主張した[13]。地球は一つの生命を持った存在かもしれない，そして，われわれは「母なる地球」の体の細胞のようなものではないかという思想である。現在では，科学の分野からも，共生する共同体の存在が確認されている。

2　自然界の共生メカニズム

自然界の共生関係

　ダーウィンの「自然選択説」は強いものが生き残る「競争原理」の中で生態系が形成されると考えるが，最近の研究は，生き物は強くなくても生き残れるという重要な事実を明らかにしている[(14)]。その考えの下では，ダーウィンの提唱した「適者」とは，競争の末勝ち残ったものでなく，「競争の時代を越え，他の生き物と共に生きる道を選んだもの」と理解されるようになってきた。すなわち，この「相利共生」の関係が多くの生き物を生存させる大きな要因ということになる。

　生物の基本単位は細胞である。人間の体は約37兆個の細胞から構成されている。この私たち人間の体の中でも「共生」のメカニズムは働いている。細胞自体も進化している。進化の過程は，単純な細胞（原核細胞）の内部が機能分化し複雑化してきたとする「内生説」と，異なる系統の原核細胞が他の原核細胞に入り込み共生していくとする「共生説」が論じられてきたが，「共生説」は特異な学説であったため「内生説」が主流となっていた。しかし，近年の分子生物学等の発展により，「共生説」が再び脚光を浴びることとなる。

　リン・マーグリス（1938-2011）は，ラブロックと共に「ガイア仮説」を提唱したことで有名であるが，「共生説」を前提としてそれまでの知識を整理し，「共生説」でなければ説明できない現象を数多く発見した[(15)]。例えば，ほとんど全ての生物の細胞にはミトコ

159

ンドリアと呼ばれる独自の DNA をもつ細胞小器官が含まれている[16]。ミトコンドリアは細胞の中で酸素を用いて効率的にエネルギーを生産し続けるため，生き物の体温保持には重要な役割を果たしている。ミトコンドリアは，もともとは単独で生きていた細菌であるが，それが他の生き物の細胞内に入り込んで細胞内共生しているうちに独自の生活能力を変化させ，細胞小器官とよばれる1つの器官になったと考える研究者が多い。

　細胞は，細胞内に入ってきたミトコンドリアを排除せず取り込んで，共に永続的な共生の関係を選択した。ミトコンドリアは宿主である細胞に有機物やエネルギーを供給する代わりに，細胞内で保護を受け，維持に必要な成分をもらっている。

　ミトコンドリアは自身で独自の進化を遂げる能力（細胞とは異なる独立した DNA）を持っているが，共生の関係を保つことで，宿主に有害な突然変異が制限されていると考えられる。このように，密接な関係をもつ生物が，お互いに影響を及ぼしながら双方に利益があるように進化することを「共生の共進化」と呼ぶ。一方，捕食者や被食者，寄生者と宿主のように利害の対立する場合，「競争の共進化」が進む。例えば，食べられる生き物（被食者）は，自分を食べる（捕食者）生き物に対して逃れる性質を進化させていく。逆に，被食者の進化に対抗して捕食者は，捕食の性質を進化させていく。これが，「食う―食われるの関係」の共進化の形である。昆虫の世界では，被食者が擬態や体内に毒素を有するといった進化を遂げて捕食から逃れようとするが，捕食者は識別能力や解毒作用を進化させている。また，動物は，病原菌やウイルスに感染しても病気にならないように性質を進化させていくが，逆に病原菌やウイルスは，

宿主の防衛戦略に対抗して新たに感染性質を進化させていく。「競争の共進化」においては，捕食者からうまく逃れる性質をもったものが生き延びることができ，集団内に増加していく。

　一方，花の蜜を吸いに来る昆虫は，植物から蜜をもらう代わりに，花粉を遠くへ運ぶことでお互いに利益を得ている。そのため，植物はより遠くへ飛んで受粉させてくれる能力を持った昆虫や鳥を引きつけようと，花の色や形，蜜の味を相手に合うように進化させていく。昆虫は，蜜がより多く吸えるように，体や口の形を進化させていく。ランの花が細くなるにつれ，蜜を吸う口器が伸びるというような関係が「共生の共進化」である。

生物多様性を維持する相利共生

　生き物は生息密度が小さいときには，互いに出くわすこともなく「生物間相互作用」は働かないか小さい。「生物間相互作用」とは，ある種の個体群が他の種の個体群におよぼす作用とその反作用のことであり，例えば，一部の植物は鳥や動物に種子散布を依存する代わりに，多汁な果実を提供する。あるいは，食べられた種子はフンと共に排泄され，より長距離の散布が可能となることを意味する。このような場合，生き物は個々の能力で独立に増殖し，生態系という受け皿の有する限界容量（環境容量）まで増え続けようとする。しかし，増え続けていった結果，生き物は他の生き物と出会い，その存在を無視するわけにいかず，互いに「生物間相互作用」を及ぼし合うようになる。「生物間相互作用」とは，強いものと弱いものが共に生き残る共進化を支えるシステムである。

　自然界の生き物は意識的に「共進化」による「相利共生」（互い

に利益を得ることができる共生）の関係を築こうとしているのだろう
か。現実的には，生き物は利己的である。他の生き物と仲良く付き
合おうと考え相互作用を及ぼし合うのではなく，お互い偶然に自分
に欠けているものが他方で補えることを知ったとき，ギブアンドテイ
クの関係が結ばれていく。さらには，互いに生きていくうえでぶ
つかり合うことのない，あるいは，ぶつかることの少ない妥協点が
見出されることにより共生関係へと発展していくのである。

　自然界における共生社会は，相手のために何かをしてあげるので
はなく，自分が生き残るために相手を利用し，相手も自分を利用す
るという相利共生の関係が，自然界，生態系内の共生であり，双方，
大変な緊張の上に成立する関係なのである。

　このように，多様な生き物が双方に関係し合うことによって，個
体で生きていくよりも，はるかに強く生き残れる社会が，自然界に
おける共生社会である。生物間の敵対や競争よりも共生の方が安定
しており，資源を取り尽す心配のない関係である。そして，共生こ
そが生物多様性を維持する上で必要不可欠なのである。

3　自然界の仕組みから共生を考える

経済合理主義が招く共有地の悲劇

　それでは，共生の関係が働かない社会では，どのようなことが起
きるのであろうかを考えてみる。

　誰でも自由に利用できる共有資源，例えば，水，大気，土壌や水
産資源，草原などにおいて，人々が自分の利益しか考えない経済合
理主義者であり資源管理がうまくいかなければ，共有資源は過剰に

摂取され持続可能性は失われてしまうことを「共有地の悲劇」とい
う[(17)]。この研究は，生きる力の強い人間同士が自由勝手に共有地
である地球上で暮らそうとすれば，共倒れになる可能性が高いこと
を物語っている。共有地においては，必ずしも個人主義による自由
競争は望ましくないことを示唆しているのである。自然界の仕組み
においては「共有地の悲劇」は起こりにくいのである。

　私たちは，今，グローバリゼーションの波の中で生きていくこと
を余儀なくされている。毎日の何気ないライフスタイルが，知らな
いうちに遠い国の生き物に影響を与えていることも多く見受けられ
るようになった。これは，グローバル化に伴い共有資源の利用者が
飛躍的に拡大した結果であり，特に先進国の人々の物質的欲求と，
それに応えようとする途上国の一部富裕層の自分勝手な経済合理主
義に原因があると考える。

　私たちは，「ヒトは自然を構成する一員にすぎない」という基本
原理，そして「ヒト」と生態系ピラミッドから抜け出した「人間」
の基本的関係を忘れてしまったようだ。人間は，自然を支配するか
のように振る舞っている。

　経済合理主義が招く共有地の悲劇が，先進国，途上国の生活環境，
社会環境，自然環境そして地球環境に大きな影響をもたらしている。
そして，地球全体を自己の都合で勝手に使う「グローバル・コモン
ズ」の考えは環境問題を複雑化し，解決を困難にするという現状が
見えてくる。

　先進国は大量生産・大量消費・大量廃棄の経済システムの中で，
化石燃料や天然資源を大量に消費し，製品や食料を大量に生産し，
そして，使い終わったり，食べ残したりすると大量に廃棄をする暮

らしを継続してきた。その結果，化石燃料や天然資源の枯渇が懸念され，大気や水，土壌は汚染され，人工化学物質や大量のゴミを排出し続けている。人々は経済活動の活発な都市部へ流入し都市生態系を改変させていくと同時に，農村は都市化，あるいは過疎化され，農村生態系も大きく崩壊している。その結果，都市―農村―奥山（原生自然）の自然をつなぐ森や川，海のエコロジカル・ネットワークも機能を失い始め，先進国の生物多様性は急激に低下している。都市，農村のライフスタイルが大きく変化し，地域コミュニティが崩壊していく中で生じる「共有地の悲劇」が，先進国の環境問題を引き起こしている要因のひとつと考えられる。

　他方，途上国における一部の高所得国は上述した先進国の経済システムへと移行し始めている。しかし，多くの途上国は未だ貧困から抜け出すことができない低所得国であり，人口急増，多発する紛争，食糧危機など多くの問題を抱えている。食料を確保するため，近隣の草原へ過放牧を続けた結果，前述の「共有地の悲劇」の思考実験の結果のように農民たちは共倒れ状態となり，草原は砂漠化していく。炭や薪などの燃料を確保するため，近隣の森林に入り伐採を続けていった結果，かつての森林生態系は荒廃し一部砂漠化し始めている。森林生態系の崩壊は生物多様性を低下させ，先進国の引き起こす環境問題と負の連鎖を引き起こし，最終的には地球システムの崩壊が起こると予想される。

　当初，先進国，途上国は自国の資源を自国民が消費する形態，すなわち，国という単位の共有地を経済活動の主たる場としてきた。その結果，先進国，途上国双方において共有資源が枯渇していくという事態を招いた。その後，先進国は自国の生き残りをかけてグロ

ーバル化を推し進めたため，共有地の概念は自国から途上国へと拡大し，途上国の資源を搾取し自国の繁栄のために利用してきた。世界人口の約2割を占める少数の先進国の人々の大量生産・大量消費・大量廃棄のライフスタイルは，地球に存在する化石燃料や天然資源の約8割を独占的に使用する結果を招いている。このような共有資源の分配の不平等は，20世紀の南北問題を引き起こし，地球環境問題を深刻化させる大きな要因となっている。地球という全人類の共有地，すなわち，グローバル・コモンズを食いつぶす一部の人間の行為は，結局，全人類の共倒れを招いてしまう。

　自然界でみられる，強くなくとも生き残れる「相利共生」の関係，互いに進化を続けることで互いに利益を得る「共生の共進化」は，私たちに改めて「共生」とは何かを問いかける。

望ましい社会のあり方（1）──自然界の共生メカニズムをヒントに
　グローバル化に伴う先進国の共有資源の飛躍的利用が，途上国の生活環境，社会環境，自然環境，そして地球環境にもたらした影響を考察し，将来の地球の進むべき道を模索してきた。その結果，

（1）限られた資源のもとでは，経済合理主義に基づいた行動は，
　　　社会全体を悲劇的な状況に向かわせること。
（2）共有資源の分配の不平等が地球環境問題を複雑かつ深刻化
　　　させていること。
（3）自然界の，生き物は強くなくても生き残れる「相利共生」
　　　の関係，互いに進化することで互いに利益を得る「共生の
　　　共進化」は，私たち人間社会の「共生」を考えるうえで，

　一つのヒントになること。

が重要であることが理解される。

　限られた資源を枯渇させない範囲で社会を維持していくためには，まずは無駄をなくすことである。私たち1人当たりが消費してよい具体的な数値目標を提示できれば効果的な日々の暮らしを見つめ直す取組みが実施できる。この目的で「エコロジカル・フットプリント」という指標が提案されている[18]。

　「エコロジカル・フットプリント」は，各国間の自然資源の消費を，地球の生物学的な資源の再生能力に照らし合わせ比較したものであり，人間活動が生態系を「踏みつけた面積」を表している。1人の人間が自らの活動を行うために，直接あるいは間接的に消費している土地面積として指標化される。具体的には，エネルギーや食糧，木材などを得るために依存している生態系の面積などを1人当たりに換算した数値で表される。エコロジカル・フットプリントを検討していけば，例えば日本経済が必要とする生態系の面積はどれくらいなのかを推定することができ，自国の生態系の再生速度の範囲内で経済活動を行えば自然は守られると考えられる。

　世界自然保護基金（WWF）のエコロジカル・フットプリントの試算により，人間活動は1980年代に地球が再生可能な許容量を超え，現在も人間活動が地球の財産を食いつぶし続けていることが明らかとなった[19]。その結果，地球のあちらこちらで様々な環境問題が起きている。

　2018年のエコロジカル・フットプリントを地球全体でみれば，地球の全人類を賄うエネルギー，食糧や木材などを得るために必要な

生態系は，現在の1.7倍の面積を要するとしている[20]。このように，地球の家計は赤字状態にあるのだ。もし，全人類が日本人並の生活を営むこととなれば，2.7個分の地球が必要となり[21]，地球は崩壊することになる。

　従来は，地球環境が地域の自然環境を創出し，自然の持つ元の状態への復帰可能な潜在能力の範囲内で人々の暮らしが営まれていた。しかし，現代は人々の暮らしがあまりにも大きなストレスを自然環境に与え，自然環境の持つ復帰可能な潜在能力の範囲を超え変化させ続けている。その結果，地球環境が再生困難な状況を招いている。

望ましい社会のあり方（2）——環境倫理の三本柱

　最後に，地球という閉鎖空間で人と人，人と自然が共生するための環境倫理をまとめる。これは，未来世代の生存権に対して現代世代も責任を持つ，人間だけでなく自然の生存権も認めること，と言い換えられる。加藤尚武は『環境倫理学のすすめ』において，環境倫理学の主要なテーマを3つに整理している[22]。ここでは，この3つのテーマを参考に「環境倫理の三本柱」を改めて考え直す。

（1）第1の柱：地球全体主義（地球有限主義）

　現代世代は資源の浪費により，未来世代の生存可能性を奪ってはいけないという考え方。

　地球の生態系は宇宙に開かれた世界に存在するのではなく，地球という閉じた世界の中にあるという観点に立脚する考え方である。すなわち，生態系やエネルギー・食糧資源などの有限な資源を利用する際に，私たち自身の快適な生活，経済的利益，健康，幸福など，

人類にとっての利益を最優先で考えるのではなく，持続的に活用していこうとする考え方である。地球という閉鎖空間で人間が共存する方法を思考する。

（2）第2の柱：世代間倫理

　現在を生きている世代は，未来を生きる世代の生存可能性に対して責任があるという考え方。

　現在を生きている世代が，環境問題の解決に当たって積極的に責任を持って行動するための根拠となる考えである。環境を破壊し有限な資源を使い尽す行為は，将来の世代がそれを使う可能性を否定することに直結する。将来世代の犠牲なしに有限な資源を使うことは出来ない現実の中で，現代世代だけが有限な資源を独占的に使用することの可否を思考する。

（3）第3の柱：自然の生存権

　人間だけでなく自然の生存権も認めるという考え方。

　通常，主体は人類であるが，他の生物を主体にすべきではないかという考えである。人間だけでなく，生物の種，生態系，景観などにも生存の権利があるので，人間は自然の生存を守る義務を持つという考え方。より強く権利を主張する「自然の権利」の考え方をある程度抑制したもので，行き過ぎた自然中心主義ではなくあくまで共存・共生を念頭に置き，公平な議論を目的とする。「自然と人間の共生」という考え方にまとめることもできる。

　自然に対する人間の生存権を優先することで，自然破壊は正当化されるのか。この問いに対する批判から，動物を裁判の原告とする

ような「自然物の当事者適格」という自然の生存権を認める考え方が生じてきた。

競争の社会から共生の社会へ

　本章では自然界の仕組みをヒントに，私たち人間の暮らしについて考えてきた。

　私たちは，科学技術の発展に伴う大量生産・大量消費・大量廃棄の経済システムの中で，地質学的年代にわたり蓄えられた資源とエネルギーを急激に一方的に収奪し，大自然の力を技術で抑え込み，快適な生活を守ってくれている環境を破壊しつつある。人間以外の生き物は自然の物質循環の中で暮らしているが，一体，私たちはどうなのだろうか。空気，水といった身近な環境ですら，すでに無限の存在ではない。このことは，将来世代の人々の生き方に大きな制約を課す可能性が高いことを意味している。このような状況が続けば，環境はもとより，地球自体の存続が困難になるであろうことは容易に想像できる。私たちには将来にわたり生き続ける望みがあるのだろうか。

　競争時代から一刻も早く脱却し，資源を取り尽すことのない安定した社会，すなわち共生社会への転換が望まれている。

◆◆◆◆◆◆ **課題** ◆◆◆◆◆◆
1．競争の時代を越え，他の生き物と共に生きる道を選んだものが生き残る，自然界のシステムについて説明してみよう。
2．自然に対する人間の生存権を優先することで，自然破壊は正当化されるのかを考えてみよう。

註

（1） ルイ・パストゥール著，山口清三郎訳『自然発生説の検討』岩波文庫，
1970年。

（2） アレクサンドル・オパーリン著，江上不二夫編集『生命の起源と生化
学』岩波新書，1956年。

（3） Stanley L. Miller, *A Production of Amino Acids under Possible
Primitive Earth Conditions*, Science, 117, pp. 28-529, 1953.

（4） Miller S. L., and Urey, H. C., *Organic Compound Synthesis on the
Primitive Earth*, Science, 130, p. 245, 1959.

（5） チャールズ・ダーウィン著，渡辺政隆訳『種の起源』上，光文社古典
新訳文庫，2009年。

（6） チャールズ・ダーウィン著，渡辺政隆訳『種の起源』下，光文社古典
新訳文庫，2009年。

（7） チャールズ・R・ダーウィン著，長谷川真理子訳『ダーウィン著作集
〈1〉 人間の進化と性淘汰（1）』文一総合出版，1999年。

（8） チャールズ・S・エルトン著，川那部浩哉訳『動物の生態』思索社，
1978年。

（9） エルトン，同前書。

（10） A. G. Tansley, *The Use and Abuse of Vegetational Concepts and Terms*,
Ecology, 16(3), pp. 284-307, 1935.

（11） Lindeman, *The trophic-dynamic aspect of ecology*, Ecology, 23(4), pp.
399-417, 1942.

（12） ユージン・P・オダム著，三島次郎訳『基礎生態学』培風館，1991年。

（13） アルド・レオポルド著，新島義昭訳『野生のうたが聞こえる』講談社
学術文庫，1997年。

（14） 中山智晴『競争から共生の社会へ 改訂版』北樹出版，2016年。

（15） 石川統・山岸明彦・河野重行・渡辺雄一郎・大島泰郎『シリーズ進化
学3 化学進化・細胞進化』岩波書店，2004年。

（16） Lynn Sagan, *On the origin of mitosing cells*, J. Theoretical Biology, 14

(3), pp. 255-274, 1967.

(17)　Garrett Hardin, *The Tragedy of the Commons*, Science, 162, 1968.

(18)　WWF ジャパン（2019年 7 月26日）「あなたの街の暮らしは地球何個分？」https://www.wwf.or.jp/activities/activity/4033.html（2023年11月18日閲覧）。

(19)　WWF ジャパン，同前ウェブサイト。

(20)　WWF ジャパン，同前ウェブサイト。

(21)　WWF ジャパン，同前ウェブサイト。

(22)　加藤尚武『環境倫理学のすすめ』丸善ライブラリー，1991年。

（中山智晴）

第**10**章
人間共生とストレス

本章は，共生を考える上で人間がどのようにストレスと向き合う
かについて，生理・認知・環境・社会・高齢者に関する心理学研究
に基づく観点を学ぶ。まずは生理・認知心理学的観点から，個人が
経験する心身のストレス反応を理解する。これに続いて，環境心理
学的観点から，ストレス刺激としての環境と，ストレスからの回復
を促す場としての環境について学ぶ。社会心理学的観点からは，他
者とともに生活するなかで生じる葛藤と対処，支え合いとストレス
反応との関係について考える。さらに高齢者心理学的観点から，高
齢期のストレス反応と，加齢に伴い向上するストレスへの対処や回
復力を概観する。

1　ストレスに対する生理・認知的反応

原始的・生物学的機能としてのストレス反応

　人間共生は，多様な背景，文化や価値観を持つ人間が共に生きていくことである。人間はこうした不可欠の対人場面で生じる摩擦や葛藤と共にある。このときに生じる一連の反応を，心理学的観点からは「ストレス反応」と呼ぶことがある。ストレス反応は，生物が生存するために生じるもので，進化的に発達してきた原始的・生物学的な機能である。ストレス反応を学ぶことで，我々に生じてしまう「怒り」や「苛立ち」といった感情と本質的に向き合い，これに対処する術を自ら構築していくことができる。

　人間にかかわらず，あらゆる生物にストレス状態は存在する。最も原始的かつ重大なストレス状態は生命の危機である。ほとんどの生物には捕食者が存在し，また多様な自然災害も生命を危機に陥れることがある。これを回避したり，回避不能になった際にはそれに立ち向かう，すなわち闘争状態となることがストレス反応の重要な要素である。通常，生命維持に関わるようなストレス反応は著しい身体的反応を伴う。捕食者に襲われて逃げる必要があれば，最大の筋力を引き出す必要があるし，心拍や血圧もそれに伴い増加・上昇する。こうした著しい身体的反応は，強い不快経験を伴うことが多い。

　人間も生命の危機に対応するための機能としてのストレス反応を頑健に継承している。これに加えて，人間は言語という劇的な道具を獲得した。言語の機能は多様であるが，本質的機能として重要な

のが，まとめあげる機能，いわば圧縮機能である。「りんご」という語句は，無数のりんごをまとめて，すなわち圧縮して表すことができる。さらに抽象概念，たとえば「ストレス」や「心」といった実際には事物として存在しない現象も，まとめ，圧縮できる。これにより人間は大量の情報を短い時間で処理することが可能になった。さらに，過去・現在・未来といった時間的概念や，空間的概念，自己客体視能力，法則性を見いだす能力といった高度な機能も言語の獲得によるもので，こうした能力の獲得は新たなストレス反応に繋がった。何のために生きるのか，10年後の自分が何をしているのか，自分は過去に誰かを傷つけていないだろうか。人間はこうしたことを思い悩む。これらは言語獲得に伴ういわば副産物である。共生に伴うストレスもまた，同様の理由で他の動物に比して著しく増大したと考えられる。

　では，人間が言語獲得によって得た副産物としてのストレス対処のために特異的に進化した新しいストレス反応はあるのだろうか。残念ながら，人間独自の生得的ストレス反応系は進化の過程で生まれてはいない。すなわち，我々は，他の哺乳動物，霊長類動物とほぼ同様のストレス反応系を頑健に継承しており，人間共生に関わるストレス事態においても，同様の原始的なストレス反応系が賦活する。先述のように，この原始的なストレス反応系の賦活は強い不快経験を伴うため，我々はしばしばその不快さ，苦しさに圧倒され，これがストレス対処をきわめて難しいものとしている。そればかりか，依存や引きこもりといった不適応行動の引き金を引いてしまうことすらある。

ストレスに対する自律神経系反応と神経内分泌系反応

　ストレス反応に限らず，動物の一連の反応は感覚入力をその端緒とする。感覚入力は，脳内の大脳皮質の一次感覚野に届き，すみやかに原始的な脳領域である大脳辺縁系に伝えられる。大脳辺縁系の一部である扁桃体は一連の感覚情報を集約し，その情報が生存上どのような意味を持つかを無意識かつ瞬時に処理し，その近傍に位置する視床下部にその処理結果を伝える。これに続いて2種類の無意識のストレス反応が生じる。一方が自律神経系反応であり，もう一方が神経内分泌系反応である。

　自律神経系には交感神経系と副交感神経系があり，両者はしばしばアクセルとブレーキに例えられる。自律神経系の機能は，平常時から逸脱した身体的状態を平常時に戻す機能と捉えることができる。こうした機能を恒常性（ホメオスタシス）と呼ぶ。緊張や不安を感じているようなストレス状態では，交感神経系が優位に働いている。すると，血圧の上昇，末梢血管の収縮，発汗，消化・排便・排尿の抑制などの無意識の身体的活動がすみやかに生じる。一方，リラックス状態では，副交感神経系が優位に働いており，末梢血管が広がったり，消化が促される。強いストレス反応は交感神経系の働きを伴うが，この状態が数十分続けば，副交感神経系の働きがこれに追従する。強い苛立ちや不安，恐怖を覚えるような経験をすれば強く交感神経系を刺激するが，その後すみやかに副交感神経系の働きが生じ，強い不快経験は無意識の過程を経て徐々に鎮静化される。一時的な強い感情で対人関係において後悔しないためにも，こうした知識は必要である。

　ストレス状態において，視床下部の下方に位置する脳下垂体へと

情報が伝えられると，血中に副腎皮質刺激ホルモンが放出される。これにより腹部の腎臓の上部にある副腎皮質が刺激されると，糖質コルチコイドという副腎皮質ホルモンがさらに血中に放出され，身体中を巡る。これがいわゆる「ストレスホルモン」である。ストレスホルモンの大きな機能として，肝臓での糖の新生，脂質代謝の亢進，抗炎症や免疫抑制作用などが知られている。自律神経系反応は神経インパルスによる即時的なストレス反応であり，一方神経内分泌系反応は，化学的物質のバトンタッチによる比較的長期にわたるストレス反応である。こうした2種類のストレス反応を獲得することで，生物は飛躍的にストレス反応性において進化したと考えられる。

　人間が自身の活動を捉える方法には癖のようなものがある。それは意識的機能が無意識の身体活動に先行すると考えてしまう傾向である。我々は「悲しい」と感じてから「涙が出る」「怒る」から「顔を真っ赤にして心にもないことを口走る」と考えがちである。しかし，「好む」「悲しい」「怒る」といった意識的な機能は，すべて無意識の身体的反応の後に発動しており，我々はこれを逆の順序で起こっていると錯誤している。意識的過程（思い悩む過程）は処理に時間を要するため，仮にこれが原始的機能に先行すれば，生存確率が著しく低下する。「逃げる」という身体的活動が先に起こることで生存確率は高まるのであり，仮に思い悩むという高度な過程が先に起これば，即時判断が求められる状況では致命的である。意識的機能は，一連のストレス反応に進化の中で最近加わった，産声をあげたばかりの機能，生存からは一義的には最も遠い機能，ということになる。多くの身体的活動は無意識的であることから，我々

177

は怒りや苛立ちといった意識的過程にまず注意を向けてしまいがちである。怒りや苛立ちそのものを即座に意識するだけで沈静化できるのであれば，人間共生も随分と容易なものになるだろう。しかし，それがきわめて困難であるために，ストレス対処のための多様な方法論が人間の英知として蓄積されてきた。認知行動療法のような近代の心理療法は，こうした無意識の原始的機能の理解から始まるものである。

　胸が苦しくなったり，冷や汗が出たり，頭の中が真っ白になったり，気持ちが悪くなるといった原始的なストレス反応は強力で，時に御しがたいものである。これにより，それに続いて経験する意識的な不安や恐怖，怒りや苛立ちそのものを対処しがたいものであると錯誤しがちになる。しかし，原始的なストレス反応は，その作用機序をしっかりと理解することで，向き合うことが可能になっていく。たとえばパニック発作は恒常性の機能により沈静化するといった知識は発作を増悪させないためにも重要である。加えて，睡眠や食事，規則正しい生活，という当然すぎて軽視しがちな生活習慣を見直すことも，あらゆる高度なストレス対処方略に先んじて重視すべきことである。

2　ストレスと環境

ストレス刺激としての環境と回復を促す場としての環境

　心理学における環境とは，街や建物の構造，モノのデザインといった物理的な環境を含めた身の回り全てを指す。そして，人が何かを感じたり，考えたり，行動を行う際には環境の影響を受けている。

例えば，気温が高くなると攻撃性が増すという関係性もあり[(1)]，日本の全国の都市での結果を分析した研究でも，気温が上がると意図的な傷害（自傷と加害）による救急車搬送が増えるという関係性があることがわかっている[(2)]。

　このように，周りの環境がストレス刺激となる一方で，環境がストレス状態からの回復を促すこともある。癒しとして機能する環境を回復環境と言うが，注意回復理論[(3)]によると，回復環境となるためには環境に４つの要素が必要だと言われている[(4)]。まず一つ目は「逃避」で，これは勉強や仕事などの精神的な疲労の原因となっていることから，文字通り逃れることである。物理的に離れることだけでなく，窓の外の景色を見ることなど，心理的に離れることでも「逃避」を満たすことができる。二つ目は「魅了」で，意図的に注意を払わなくても注意を引きつけられることを指す。回復環境に必要な注意は，他のことについて考える余地がなくなるような注意ではなく，自分について考えたり振り返ったりする余地を残す程度の穏やかな魅了だと言われている。３つ目は「広がり」である。欧米の教科書でも，日本庭園が狭い空間を広く見せている環境の例として挙げられることが多いように，物理的に広いということではなく，全く違う世界にいるかのような感覚のことを指している。最後に，４つ目は「環境・行動間の適合性」で，その環境でやりたいことができることと，その場所で行いたいことができることがわかることである。

　さて，回復環境となる場所の説明を読んで，皆さんは自分の回復環境としてどこを思い浮かべただろうか。遊園地に行くと，それまで感じていたストレスが解消されたように感じる人もいれば，人が

多くて疲れるように感じる人もいるかもしれない。アイスホッケーの試合に行くと，それまで気になっていた心の重荷が軽くなるように感じる人もいるかもしれないが，観客ではなく選手の立場の場合は勝たなくてはいけないというプレッシャーを感じるかもしれない。このように，全ての人に共通する回復環境というのは存在せず，ストレス状態時にどういった回復環境を選択するかには，ストレス刺激の種類，ライフスタイルや社会的役割，利用可能な経済的／時間的資源などが関わっている。

回復環境としての自然環境

　自然環境には4つの要素が揃っており，回復環境になりやすいことが知られている。精神的に疲労する課題を終えた後に，自然環境を散歩した，都市環境を散歩した，部屋の中でゆっくりした，の3つのグループを比較した研究[5]によると，自然環境を散歩したグループが他のグループよりも怒りや攻撃性の感情が低く，肯定的な感情や全体的な幸福感が高かった。このように，山，海，森林などの自然環境が都市環境よりも回復環境となりやすいことについては欧米で研究が行われてきたが，森林については，日本が世界に先駆けて生理的／心理的な効果の科学的な検証を始めたことで，今では森林浴は shinrin-yoku もしくは forest bathing として英単語になっている。

　森林浴とは，森林環境を利用し，人々が心身のくつろぎや活力の回復などの健康を得ることであるが，数々の実験によって，森林浴によってリラックス効果，免疫改善効果，睡眠改善効果が得られることがわかっている。森林を，ストレスを多く感じている人々の心

身の健康維持や病気の予防として活用できるよう，研究者らが科学的に実験を行い，生理的／心理的な効果を証明した「森林セラピー基地」や「森林セラピーロード」が日本中に設置されている[6]。森林には段差や傾斜があり，歩行が困難である場合や視覚に障がいがある場合などには利用しやすい環境とは言い難いが，現在では森林浴の対象は疾患のある人や障がいのある人にも広げられ，森林セラピーロードにも舗装路などを整備したバリアフリーロードが設けられている場合がある。

　それでも，森林に出かけることは身体的な障がいがなくても容易なことではないため，身近な環境を回復環境とすることも重要である。森林浴を構成する，森を散策する（運動をする）こと，樹木の香りを嗅ぐこと，鳥の鳴き声やそよ風の音を聞くことなどは，近所の公園で満たせる場合がある。加えて，近年ではデジタルな自然環境にも注目が集まっており，木漏れ日を模したプロジェクター映像を医療施設の休憩室に投射すること[7]や，アートギャラリーの壁と天井に森林環境を投映し，森林の音と香りも再現したデジタル森林浴の効果も確かめられている[8]。新型コロナウイルス感染症の感染拡大前に比べて，公園の利用頻度が減少した母親は，育児ストレスが高い傾向にあった[9]が，身近な環境に回復環境を探すことや身近な環境を回復環境に変化させることも，ストレス状態への対処として良いだろう。

3　対人ストレスとソーシャル・サポート

対人ストレスイベントと対処

　私たちは他者との間で様々なやりとり（対人相互作用）を行っている。相手を友だちに限ってみても，会話や遊びに興じたり，ケンカをしたり落ち込んだ相手を慰めたりなど，多くのやりとりをあげることができる。こうした対人相互作用には，私たちの心身の健康にとって肯定的な側面と，否定的な側面がある。

　否定的な対人相互作用は，人間にストレス反応をもたらしうる要因（ストレッサー）の１つである。このストレッサーとしての対人相互作用を，ここでは対人ストレスイベントと呼ぶ[10]。

　大学生を対象に日常的に経験する対人ストレスイベントの分類を試みた研究[11]では，「対人葛藤」「対人劣等」「対人摩耗」の３つが見出されている。対人葛藤は，相手に「無理な要求をされた」「責められた」等の対人相互作用における顕在的な葛藤事態であり，対人劣等は，「相手が嫌な思いをしていないか気になった」「周りの人から疎外されていると感じるようなことがあった」等，コミュニケーション・スキルの欠如などにより劣等感を触発する事態，対人摩耗は「あまり親しくない人と会話した」等，対人関係の円滑さに配慮した行動により気疲れを生じさせる事態である。

　これらの対人ストレスイベントを経験した際に，私たちが行う対処を対人ストレスコーピングと呼び，「ポジティブ関係コーピング」「ネガティブ関係コーピング」「解決先送りコーピング」の３つに大別される[12]。ポジティブ関係コーピングは，相手に積極的に関わ

ろうとしたり，自他の関係を肯定的にとらえ直そうとしたりする関
係改善に向けた対処であり，逆に，ネガティブ関係コーピングは，
その相手と関わり合わないようにしたり，話をしないようにしたり
する等，関係を放棄するような対処である。解決先送りコーピング
は，対人ストレスイベントを気にしないようにする等，一度問題を
棚上げにして，時間が解決するのを待つような対処である。

　対人ストレスコーピングと精神的健康の関係については，全般的
に，ポジティブ関係コーピングは他者との関係の満足度を高めるこ
と，これに加えて解決先送りコーピングではストレス反応を抑制す
る傾向もみられること，ネガティブ関係コーピングでは，不安や抑
うつ感情を含むストレス反応を増加させ，関係満足度を低減するこ
とが示されている[13]。ここから，解決を先送りすることが有効で
あることが指摘できるが，これらの結果は調査対象者の全体的な傾
向を示しているため，誰にとっても常に効果的であるわけではない，
ということには注意する必要がある。

ソーシャル・サポートとストレス反応

　他者とのやりとり（対人相互作用）には，ソーシャル・サポート
のようにストレス反応の抑制や低減をもたらす肯定的な側面もある。
対人相互作用におけるソーシャル・サポートは，送り手または受け
手によって，相手のためを思ってなされていると認識される資源の
交換のことをいう。授受される資源の中身によって，ソーシャル・
サポートもいくつかの種類に分けることができる。例えば，試験の
日程を教えてあげたり，忘れてきたテキストを見せてもらったりと
いった，情報やモノの提供によって比較的直接に事態の解消に寄与

する道具的サポートと，落ち込んでいる友人のそばにいてあげるというように相手の自尊感情などを支えることで当人の対処行動（コーピング）に間接的に寄与する情緒的サポートがある。

　対人相互作用におけるソーシャル・サポートが精神的健康に与える影響については，多くの研究がストレス反応の「緩衝効果」を指摘している[14]。緩衝効果とは，弱い（少ない）ストレッサーに晒されているときには，受け取るソーシャル・サポートの水準の高低によらずストレス反応は低いが，強い（多い）ストレッサーに晒されたときには，サポートの水準が低いとストレス反応が高くなる一方で，サポートの水準が高ければストレス反応は低く抑えられる，という現象をいう。ふだんの何気ない支え合いの関係づくりは，大きなストレッサーによる影響を緩和することにつながっている。ただし，サポートの受け手の特性や置かれている状況によっては，相手のためを思って行われた行為でも，それ自体がストレッサーとなってしまうこともある。

　ソーシャル・サポートが精神的健康に与える影響には，ストレッサーやサポートの水準以外にも，サポート提供者へのアクセス可能性，対人ストレスイベントを含むストレッサーの種類，採用される対処行動（コーピング），他者にサポートを求める傾向などの個人差等，多数の要因が介在している。対人ストレスイベントがストレス反応に及ぼす影響のプロセスを，具体的なある個人について理解し，支援しようとする場合には，そのプロセスにどの要因がいかに関わっているかを慎重に検討していくことが求められる。

　他者と共に生きることは，少なからず自分とは異なる価値観や欲求をもつ人たちと共に生きることである。他者との間には必ず葛藤

が生じるし，時には葛藤を表面化させないように自身の欲求を抑えて取り繕ったり，関係を上手くつくれない至らなさを感じたりするような出来事が起きる。それでも，事あるごとに心労に苛まれ続けるということがないように，私たちは周囲の人びとの助力を得ながら，相互作用の否定的な影響を改善するための対処を行っているのである。

4　高齢期のストレス

高齢期のストレス反応と対処

　歳を重ねるとストレスの感じ方は変化するのだろうか。高齢者は，身体機能の低下や退職，配偶者を亡くすなど，様々な喪失を体験するため，高齢者のストレス反応が高いと予測した読者もいるだろう。しかし実際はその逆である。

　18〜85歳までの約35万人を対象とした大規模調査[15]では，20代のストレスが最も高く，それ以降は急激に低下し，高齢者が最も低いことが示されている。また日常のストレスフルな出来事（ストレッサー）とストレス反応が年齢とどのように関連するかを20年間に渡って追跡した研究[16]では，日々のストレッサーは，20代は40〜45％の高経験率だが，70代では20〜25％と低くなる。さらに，若年層はストレッサーに対し強い苦痛を感じるが，55歳前後からは，ストレッサーがあっても，それに対する苦痛が歳をとるごとに弱まっていくことが示されている。つまり私たちは中年期以降，歳を重ねることでより穏やかで冷静さを保ち，ストレスが軽減されるようになっていく。

　加齢と共にストレスが下がる理由として，ここでは大きく2つを取り上げたい。第一に，我々は歳を重ねるにつれて残された時間が限られていることに気づき，それを最大限に活用しようとするためである。これは社会情動的選択性理論[17]によって説明される。この理論では，人は人生の残り時間が限られていると認識すると，情報や金銭的なものへの執着が低下し，感情的に価値のある行動をとるように動機づけられると仮定される。つまり，歳を取ると日常の些細なことに気を取られることなく，自分の感情がよりポジティブになるような出来事や他者を選んで過ごすようになるため，ストレスが上がりにくくなるのである。

　第2に，長い人生の中で，過去にも同じようなストレッサーを体験したことによって，どのように対処すれば良いかを学び，その対処法を獲得しているためである。このような人生経験とそのスキルはレジリエンスと呼ばれる。レジリエンス（resilience）は，困難で驚異的な状況にもかかわらず，うまく適応する過程，能力，および結果[18]をさす。単に困難な経験を生き抜く力ではなく，人生で成功した経験や失敗して学んだ教訓を統合するような方法で，状況に適応し対処する能力であるため，加齢と共に高まっていく。つまり，歳を重ねるごとにストレスが減少するのは，長い人生経験を経たことで得られたレジリエンスによるものとも考えられる。

心理的適応を促す回想と老年的超越

　一般的に高齢者はストレスにうまく対処し情緒的な安定を図るが，ストレス等により心理的不適応に至る者もいる。高齢期のストレスを下げ，心理的な適応を促すための効果的な手法として「回想」が

あるが，その中でも心理療法としての回想はライフレビュー（Life Review）[19]と呼ばれる。これは聴き手に対して個人が過去の出来事を語り，内省することによって生きてきた意味を再確認し，過去に未解決の問題がある場合はそれと向き合い意味あるものとして再統合し，心理的な適応を目指すもので，抑うつをはじめとした様々な症状の軽減に効果が認められている[19][20]。ライフレビューは主として治療を目的とした回想だが，一般的な高齢者の集団に対し心理的適応を促す回想を用いた手法もある。その一つであるガイド付き自伝（Guided Autobiography）[21]は，これまでの人生経験について回想したことを記述し，それを他者と共有することにより構成される。参加者にはストレスの低減，ポジティブ感情の増加[21]など多岐にわたる効果が認められている。

　高齢期の中でも85歳以上になると，身体機能や生活機能がさらに低下し新たな危機段階を迎える。しかしこの時期においても，私たちはさらに発達し心理的適応に至る。人生の最終段階で見られるこの特性は老年的超越（gero-transcendence）と呼ばれ，無限性（死の恐怖の減少など），自己概念（身体的側面への囚われからの解放など），社会との関係（社会的慣習からの解放など）の3側面による価値的態度[22]から構成される。老年的超越が高い高齢者はストレスが低く心理的に適応しており，これまでの人生で怪我や病気，身近な人との別れなどネガティブイベントを経験していることがこの特性を高めるとされている[22]。つまり長い人生において困難な出来事を乗り越えてきた経験そのものが心理的適応につながり，人生の最終段階にさらなる発達を遂げ，社会との共生を可能にさせるのである。

❖❖❖❖❖❖ **課題** ❖❖❖❖❖❖

1．原始的なストレス反応の具体的な例について，可能な限り列挙してみよう。

2．高齢者のストレスに関する知見を参考に，今からストレス対処のために取り入れられることは何かを考えてみよう。

註

（1）　Anderson, C. A., Anderson, K. B., Dorr, N., DeNeve, K. M., and Flanagan, M. *Temperature and aggression.* In M. P. Zanna （Ed.）, Advances in experimental social psychology, 32, pp. 63-133. Academic Press, 2000.

（2）　Kubo, R., Ueda, K., Seposo, X., Honda, A., and Takano, H. *Association between ambient temperature and intentional injuries: A case-crossover analysis using Ambulance Transport Records in Japan.* Science of The Total Environment, 774, pp. 1-7. 2021.

（3）　R・カプラン，S・カプラン，R・ライアン著，羽生和紀監訳・中田美綾・芝田征司・畑倫子訳『自然をデザインする——環境心理学からのアプローチ』誠信書房，2009年。

（4）　芝田征司・畑倫子・三輪佳子「日本語版 Perceived Restorativeness Scale （PRS）の作成とその妥当性の検討」『MERA Journal』第11巻第1号，pp. 1-10, 2008.

（5）　Hartig, T., Mang, M., and Evans, G. W. *Restorative effects of natural environment experiences.* Environment and Behavior, 23, pp. 3-26, 1991.

（6）　特定非営利活動法人森林セラピーソサエティ「認定の森」https://www.fo-society.jp/quarter/index.html （2023年11月18日閲覧）。

（7）　高山範理・森川岳・山内健太郎・伊藤俊一郎「休憩時の木漏れ日照射が高齢者医療施設職員にもたらす心身の回復と職務満足度」『ランドスケープ研究』第13巻，87-93頁，2020年。

（8）　Takayama, N., Morikawa, T., Koga, K., Miyazaki, Y., Harada, K., Fukumoto, K., and Tsujiki, Y. *Exploring the physiological and psychological effects of Digital Shinrin-yoku and its characteristics as a restorative environment.* International Journal of Environmental Research and Public Health, 19(3), pp. 1-18. 2022.

（9）　橋村ちひろ・雨宮護・畑倫子・島田貴仁「COVID-19対応下における未就学児の母親の公園利用変化と育児ストレスとの関連」『ランドスケープ研究』第84巻第5号，485-490頁，2021年。

（10）　橋本剛「対人ストレスの定義と種類――レビューと仮説生成的研究による再検討」『静岡大学人文学部人文論集』第54巻第1号，21-57頁，2003年。

（11）　橋本剛「大学生における対人ストレスイベント分類の試み」『社会心理学研究』第13巻第1号，64-75頁，1997年。

（12）　加藤司「大学生用対人ストレスコーピング尺度の作成」『教育心理学研究』第48巻第2号，225-234頁，2000年。

（13）　加藤司　対人ストレスに対するコーピング　谷口弘一・福岡欣治編著『対人関係と適応の心理学――ストレス対処の理論と実践』北大路書房，pp. 19-38，2006年。

（14）　Cohen, S., & Wills, T. A. *Stress, social support, and the buffering hypothesis,* Psychological Bulletin, 98(2), pp. 310-357, 1985.

（15）　Stone, A. A., Schwartz, J. M., Broderick, J. E., and Deaton, A., *A snapshot of the age distribution of psychological well-being in the United States.* Proceedings of the National Academy of Sciences, 107, pp. 9985-9990, 2010.

（16）　Almeida, D. M., Rush, J., Mogle, J., Piazza, J. R., Cerino, E., and Charles, S. T., *Longitudinal Change in Daily Stress Across 20 Years of Adulthood: Results from the National Study of Daily Experiences.* Developmental Psychology, 59, pp. 515-523, 2022.

（17）　Carstensen, L. L., *Motivation for social contact across the life span: A theory of socioemotional selectivity.* Nebraska Symposium on Motivation, 40, pp. 209–254, 1992.

(18)　Masten, A. S., Best, K., and Germezy, N., *Resilience and development: Contributions from the study of children who overcame adversity.* Development and Psychology, 2, pp. 425–444, 1990.

(19)　Haight, B. K., and Haight, B. S., *The handbook of structured life review.* Health Professions Press, 2007.

(20)　山崎幸子「遅発性統合失調症のクライエントに対するライフレビューを導入した面接過程」『心理臨床学研究』第40号，63-73頁，2022年。

(21)　Birren, J. E. and Cochran, C. N., *Telling the stories of life through guided autobiography groups.* The Johns Hopkins University Press, 2001.

(22)　Tornstam, L., *Gerotranscendence: A developmental theory of positive aging.* Springer, 2005.

（小林剛史・畑倫子・文野洋・山崎幸子）

あ と が き

　本書の出版のきっかけは，文京学院大学の島田燁子名誉学院長が
今を生きる人間として，「共生」という理念がきわめて大切である
との考えから「人間共生学」を提唱したことに始まる。そして，1
年生を対象とした全学共通科目「人間共生論」のテキストを企図し
て，授業を担当する教員が，それぞれの専門の立場から「共生」の
あり方を書き下ろし，2012年に『人間共生学への招待』（初版）が
出版されるに至った。それから10年が経過し，新たにストレスマネ
ジメントに関する章を追加し，それに伴って全体の構成や内容を変
更したことから，タイトルを改め，新たな書物として刊行する運び
となった。

　本書を貫くテーマは「共生とは何か」である。「共生」とは端的
にいえば，「異なる他者とともに生きる」ことである。世に数ある
大学で，全学共通科目で「共生」と銘打つテキストを使用している
大学はめずらしいだろう。文京学院は，1924年に創始者島田依史子
先生が，女性に自立して生きる機会を与えることを建学の精神とし
創設され，その精神は今に至るまで継承されている。

　この自立を可能にするのが，相互に支え合い，あらゆる生命がか
けがえのない意味を有しているとの認識に立って，相手の幸福を願
う「共生」の理念である（島田燁子・小泉博明編著『人間共生学への
招待』第3版，ミネルヴァ書房，2021年）。

191

グローバル化や情報化の進展によって，私たちの生活は便利になった一方，貧富の格差が拡大したといわれる。また，近年の大規模な自然災害の増加や新型コロナウィルス感染症のパンデミックは，人々の行動や生活パターンを変容させた。社会の急激な変化は，とりわけ生活基盤がぜい弱な人たちや社会的に弱い立場におかれた人たちに大きな影響を与える。多様な人々が相互に支え合い，豊かな社会を築いていくために，今あらためて「共生とは何か」，共生社会を実現していくために大切なことは何かを考えることが求められている。本書が読者の皆様に，この問いの答えを得る手がかりを考える一助となれば幸いである。

　昨今の出版をとりまく厳しい状況のなか，本書の出版に際して，格別のご配慮をいただいたミネルヴァ書房に感謝申し上げる。また，本書の編集にあたって，学校法人文京学院総合企画室秘書室小泉理恵さんには丁寧なサポートをいただいた。心よりお礼を申し上げたい。

　2023年11月

　　　　　　　　　　　執筆者を代表して　小林宏美

索　引

執筆者紹介 (執筆順)

中山智晴 (なかやま・ともはる) **はしがき, 第8章, 第9章**
　文京学院大学人間学部コミュニケーション社会学科教授。

吉田修馬 (よしだ・しゅうま) **第1章, 第2章**
　上智大学特任准教授。

小林宏美 (こばやし・ひろみ) **第3章, 第4章, あとがき**
　文京学院大学人間学部コミュニケーション社会学科教授。

甲斐田万智子 (かいだ・まちこ) **第5章, 第6章**
　文京学院大学外国語学部英語コミュニケーション学科教授。

登丸あすか (とまる・あすか) **第7章**
　文京学院大学人間学部コミュニケーション社会学科准教授。

小林剛史 (こばやし・たけふみ) **第10章 (第1節)**
　文京学院大学人間学部心理学科教授。

畑倫子 (はた・ともこ) **第10章 (第2節)**
　文京学院大学人間学部心理学科准教授。

文野洋（ふみの・よう）**第10章（第 3 節）**

　文京学院大学人間学部心理学科教授。

山崎幸子（やまざき・さちこ）**第10章（第 4 節）**

　文京学院大学人間学部心理学科教授。

《編者紹介》

文京学院大学（ぶんきょうがくいんだいがく）

　文京学院大学の教育理念は学院創立者島田依史子先生による「自立と共生」です。大学は，経営学部，外国語学部，人間学部，保健医療技術学部，大学院を東京都文京区，埼玉県ふじみ野市にキャンパスを設置し，先進的な教育環境を設備しています。学問・技能に加え，3年に1度ユーラシア大陸の国々を訪問する「新・文明の旅」プログラム，留学や資格取得，インターンシップなど学生の社会人基礎力を高める多彩な教育を地域と連携しながら実践しています。また，全ての入学者が建学の精神である「自立と共生」を自らのものとするために，大学共通科目「人間共生論」を，初年次に設置しています。

人間共生論入門

2024年2月1日　初版第1刷発行　　　　　〈検印省略〉

定価はカバーに
表示しています

編　　者　　文 京 学 院 大 学

発 行 者　　杉　田　啓　三

印 刷 者　　田　中　雅　博

発行所　株式会社　ミネルヴァ書房

607-8494　京都市山科区日ノ岡堤谷町1
電話代表（075）581-5191
振替口座　01020-0-8076

創栄図書印刷・新生製本

ISBN978-4-623-09644-2
Printed in Japan

| 人権論の教科書 | A 5 判312頁 |
| 古橋エツ子 監修, 和田幸司 編著 | 本体 3000円 |

| 日本の教育文化史を学ぶ | A 5 判320頁 |
| 山田恵吾 編著 | 本体 2800円 |

| グローバル化のなかの都市貧困 | A 5 判418頁 |
| 山口恵子・青木秀男 編著 | 本体 6000円 |

| よくわかるジェンダー・スタディーズ | B 5 判242頁 |
| 木村涼子・伊田久美子・熊安貴美江 編著 | 本体 2600円 |

| よくわかるメディア・スタディーズ［第2版］ | B 5 判248頁 |
| 伊藤　守編著 | 本体 2500円 |

| SDGs 辞典 | A 5 判218頁 |
| 渡邉　優著 | 本体 2500円 |

———————————————— ミネルヴァ書房 ————————————————

https://www.minervashobo.co.jp/